风雅仰跬园

——顾震福 学术 研究年谱

朱墨兮 编著

团结出版社

© 团结出版社，2024 年

图书在版编目（ＣＩＰ）数据

　　风雅仰跬园：顾震福学术研究年谱 / 朱墨兮编著 .
北京：团结出版社，2024. 11. —ISBN 978-7-5234
-1197-1

　　Ⅰ . K825.41

中国国家版本馆 CIP 数据核字第 2024BN2170 号

责任编辑：郭　强
封面设计：书香力扬

出　　版：团结出版社
　　　　　（北京市东城区东皇城根南街 84 号　邮编：100006）
电　　话：（010）65228880　65244790
网　　址：http://www.tjpress.com
E-mail：zb65244790@vip.163.com
经　　销：全国新华书店
印　　装：四川科德彩色数码科技有限公司

开　　本：145mm×210mm　　32 开
印　　张：7.875　　　　　　　字　　数：166 千字
版　　次：2024 年 11 月 第 1 版　　印　　次：2024 年 11 月 第 1 次印刷

书　　号：978-7-5234-1197-1
定　　价：48.00 元
　　　　　（版权所属，盗版必究）

序

王泽强

  朱墨兮先生是当代中国谜坛上的名人，现任中国民协中华灯谜学术委员会常委、淮安市民协副主席，担任过《中华灯谜年鉴》《新时期灯谜佳作集》等典籍的副主编。他主编的《文虎摘锦》已经出版 39 年，达 160 期，创造了同人期刊史上的奇迹，曾荣获"中华灯谜功勋谜刊"称号，被列入中华谜坛大事记。他还是江苏省非物质文化遗产"淮安灯谜"的传承人，为光大淮安地域文化做出了贡献。

  朱墨兮先生自幼热爱灯谜艺术，早在 40 年前就积极参加国内谜坛举办的大型谜会和谜事活动，曾在桂林漓江谜会、苏州姑苏谜会、北京丰台灯谜国手赛等谜会、谜赛中获创作奖和猜射奖，被中国民间文艺家协会中华灯谜学术委员会授予"中华十佳灯谜新秀"称号，并入选 20 世纪百佳谜人。他还潜心理论研究，与人合作出版过《趣味谜语》《顾震福人物谜笺注》等著作，受到广大读者的热烈欢迎，影响广泛。

  朱墨兮先生在淮安日报社任编辑，曾长期主持《淮海晚报》副刊，把《淮周刊》《淮安风情》《石码头》《作家首发》《品书》等栏目办得有声有色，编发了大量优秀的弘扬淮安文化的文章及本土作家创作的文学作品，培育了一批优秀作家，当今淮安大地上中年以上的作家、文史学者，大都是他的朋友。此副刊多次荣获省、市有关部门的表彰，在淮安已成为一个特色鲜明、影响广泛的文化品牌。我与他相交近 20 年，承蒙他的厚爱，在副刊上发表了 130 多篇文史随笔。在互联网时代，地方报刊上的文章也都上了网，全国甚至世界各地的读者都可以查阅到，因此不必因为是地方报刊，就小觑其价值。其实，报刊只是一个刊发文章的平台，并不能以大小衡量文章的价值高低。我在《淮海晚报》副刊上发表的不少文章，被从中央到地方的各大网站转载，读者量巨大。有不少名牌大学博士生、硕士生写关于淮安阮氏家族、盱眙汪氏家族、泗州杨氏家族的学位论文时，查阅引用的正是我在《淮海晚报》副刊上发表的文章。一位美国女华侨读到我在《淮海晚报》副刊上发表的关于汪藕裳创作《子虚记》艰难历程的文章，感动得泪流满面。淮安是中国历史文化名城，英雄辈出，历史文化底蕴深厚，值得研究的各行各业的名人很多。《淮海晚报》副刊能成为一个重要的弘扬淮安文化、培育本土作家的阵地，朱墨兮先生功不可没。

我十分佩服朱墨兮先生对事业的奉献精神和执着追求，曾为其《顾震福人物谜笺注》写过一篇序言，其实我对灯谜一窍不通，只是从文化史的角度介绍他的成就和贡献。2023 年 10 月中旬，他又给了我一个惊喜：打磨十年之久的《风雅仰跬园——顾震福学术研究年谱》终于杀青，准备付梓。我又是先睹为快，获益良多。顾震福（1872—1936），淮安人，清末举人，京师大学堂毕业，著名文字学家、经学家，曾任北京大学、北京女子高等师范学校国文教授，与鲁迅共过事，鲁迅在日记中记载过他的事情。顾震福是民国谜坛上一位声名显赫的人物，除了不少文字学、经学专著外，还著有《跂园谜刊三种》《谜隐初编》等谜语著作。他是民国时期重要谜语团体上海萍社、淮安商旧谜社及北平射虎社、隐秀社、丁卯社、学余社的骨干或创始成员，贡献巨大，谜界无人能望其项背，有"顾虎头"之美誉。当年谜坛有"南张北顾"之称，张指张起南，顾即顾震福。对于这样一个淮籍文化名人，学界关注并不多，研究成果更少，朱墨兮先生潜心研究十多年，数十次到南京、上海、北京等地搜寻史料，连续推出两部有分量的著作，可谓功在当今，泽被后学。

《风雅仰跂园——顾震福学术研究年谱》是一部十分严谨的著作，有着鲜明的特色。此书按照时间先后，逐年逐条记录谱主的成长、工作、读书、交友、著书、社交等方面的经历、事迹，对时代变迁、文化场域等深刻影响谱主谜学创作研究的关键环节、历史细节、重大事件等，考订尤为精详。此书遵循"悉有所据"即求真求实的原则，从民国时期300余种图书、报刊的诗、文、题、跋、序、史、传、志等原始文献资料中，钩沉聚敛并串联拼接，清晰记录了一个活生生的历史文化名人的成长过程，充分展示了一位灯谜家的谜事活动和灯谜作品，及其与同时代南北谜家、文化名流的交往，使读者能够从一个另类窗口了解、欣赏清末民初优秀传统文化的魅力。

这是谜界的第一本年谱，有开创之功，丰富了谜语史研究的体系，同时也是一部弥足珍贵的独特的灯谜编年史，填补了许多空白。此书挖掘了许多稀见的原始资料，特别是首次揭示了淮安顾氏名门望族的世系概况，首次介绍了许多淮安顾氏名人可歌可泣的辉煌业绩，提供了准确、清晰、便于稽查、具有资料性工具书功能的一个淮安文化名人的读本。此书还穿插了 30 余幅珍贵的包括许多政要、社会贤达的历史老照片，可谓图文并茂，读者可从中感受到历史的厚重与沧桑。"板凳要坐十年冷，文章不写一句空。"朱墨兮先生真正做到了这一点。

朱墨兮先生本职工作十分繁忙，学术研究都是利用业余时间完成的。他在当代中国谜语界声威很高，又能在乡邦文献的发掘和研究上取得这么大的成就，我十分感佩，因此不辞谫陋，聊述数语，权充序言。

2023 年 11 月 3 日记于淮安香格里拉寓所

目录

CONTENTS

顾震福谜学年谱

顾震福（1872—1936），字竹侯，号跬园

同治十一年，壬申，公元 1872 年， 1 岁

三月二十六日（公元 1872 年 5 月 3 日）子时，顾震福出生于
江苏淮安山阳（今江苏省淮安市淮安区）城隍庙巷，行一。系顾氏

迁淮第十世孙，上有三姐，弟贤福幼殇。①

顾氏世居江南，明末始迁淮安。曾祖父顾廷梁，字湘舟，岁贡生，候选儒学训导，"以文学有声庠序"；曾祖母张氏。祖父顾炤，字薪儒，"敕赠儒林郎翰林院庶吉士加一级"；祖母范氏。父亲顾云臣，道光己丑年五月十六日生，字持白、芷清、子青，号苍波，晚称抱拙老人，师舅范光璧和经学大师丁晏，同治乙丑进士，"保和殿覆试二等第十四名，殿试二甲第四十六名，朝考一等第十一名，钦点翰林院庶吉士"；充顺天乡试同考官，简放湖南学政。著有《抱拙斋集》《跬园杂著》。母亲窦静芬，浙江处州（今浙江丽水）窦国华女。②

马振彪生。

为文贵己出，毋蹈抄胥习。谜语亦艺文，雷同即重叠。吾读旧隐书，往往多剿袭。不谋虽可合，无乃见闻狭。跬园力芟夷，陈言侵不入。戛戛诚独造，匠心那可及。

隐语本谐辞，不必尽渊雅。取径太深僻，知音世弥寡。是编重雅驯，文心足陶写。有时徇俗情，摛辞故宽假。要皆不诡正，奇邪必抛舍。为取解人多，漫比齐东野。（马振彪《跬园谜刊三种·题词》）③

按： 马振彪（1872—1957），字岵庭，安徽桐城人。1897 年丁酉科举人，嗣任清政府民政部民治司主事。1926 年任交通大学、孔教大学、中国大学国文讲师、教授。次年任北京大学文科及哲学系

---

① 《山阳顾氏族谱》，1942 年抄本。

② 顾廷龙主编：《清代硃卷集成（27）》，台北成文出版社，1992 年，第 109 页。

③ 高伯瑜等编：《中华谜书集成（三）》，人民日报出版社，1997 年，第 2734 页。本谱中所有《跬园谜刊三种》的引文，如未特别注明，皆引自此书。

讲师。1944 年应聘为中国大学经学教授。1952 年被聘任为中央文史研究馆馆员。著有《周易学说》《群经要略》《文法要略》等。

罗复堪生。

前二年，吴克岐生。

前一年，孔剑秋生。

同治十二年，癸酉，公元 1873 年， 2 岁

父以翰林院编修被选派任湖南学政，主持湖南乡试。"顾云臣，字子青，江苏山阳人，同治乙丑进士，十二年以编修任。"[①]

7 月，周嵩尧生。

早闻秦客善廋词，不共曹瞒解色丝。搏兔竟烦狮子力，文坛今有虎头痴。

黯黯春灯旧帝京，河鱼庚癸可怜生。大明寺里西廊壁，谁似闲僧记得清？

饼样新翻石动筒，铴头再作亦孤忠。薰砧倘化飞天镜，还聚饥臣射守宫。

勺湖耆宿半凋零，客话茶余总爱听。千载苏黄留妙格，漫嗤覆瓿太玄经。（周嵩尧《踬园谜刊三种·题词》）

按：周嵩尧（1873—1953），字峋芝，生于江苏淮安，1897 年以县学附生的身份、"浙江榜，寄居山阳"，考中丁酉科浙江省第 35 名举人。清朝期间，曾任邮传部郎中，掌路政司；民国曾先后担任江西、江苏督军专署秘书长；1949 年后，担任中央文史研究馆馆

---

① 钱维福撰：《清秘述闻续》卷十一，第 801 页。

员。为持白公丽正书院学生。竹侯曾作《周峋芝同年扬寓夏季生芝数本色黄来诗索和依韵奉答》等唱和诗。在扬州加入冶春后社；但至今还未见他是竹西后社成员或为谜人的直接证据。

谢会心生。

按：谢会心（1873—1943），原名伯谦，笔名慧因子、会心斋主人，岭东凤城（今广东潮州）人。民国时期潮汕重要灯谜组织莲社的创始人之一，毕生从事教育工作。著有《评注灯虎辨类》《评骘韵谜叶选》《辍耕谈虎录》《制谜丛话》《评注灯虎辨类续编》《文虎识略》《文虎论述》《科学谜话》《韵谜三百则》等。

黎国廉生。

按：黎国廉（1873—1950），字季裴，号六禾，以号行，广东顺德人。光绪十九年中举，官至福建兴泉永道道台。岭南词坛名家，著有《玉鬟楼词钞》。在京参加北平射虎社、丁卯谜社，著有《玉鬟楼春灯集》。张郁庭在《古今制谜名人小传》中云："同人皆雅重之，称为'谜中亚圣'。"1937 年，丁卯谜社成立十周年，六禾撰有《江南好》43 阕，"纪社中同人"43 位。其中"淮安顾竹侯"为："人文炳，酝酿百年中。无已少游存殁感，于中绰臂有涪翁，卓是出群雄。"并注云："君谜为江淮间钜手，清颖拔俗，如诗家之有山谷。"

高步瀛生。

按：高步瀛（1873—1940），字阆仙，河北霸县（今河北霸州）人。清光绪二十年（1894）举人，定兴书院山长、保定畿辅大学堂教习，桐城派后期古文家吴汝纶的学生。古文家、文选学家、历史学家、考据家、教育家、灯谜家。著有《古礼制研究》《唐宋诗举要》《古文辞类纂笺证》《文选李注义疏》等。寒山诗钟社、北平射虎社、隐秀社成员。

11月，父持白公与王文韶上奏："革员蒙混录科中式，请注销审办，并自请议处。"①

同治十三年，甲戌，公元1874年， 3岁

5月，夏仁虎生。

黄绢新词数最工，象超物外得寰中。箧藏足试东方智，门活何须孟德雄。宿将短衣看射虎，壮夫长策窘雕虫。由来四部供刀俎，妙手庖人属此公。

解得天龙竖指无，风花万劫总模糊。达摩苦面三年壁，卢女工描十样图。举世浮尘同梦幻，几人宿草欲惊呼。先几领悟输君早，落尽春灯独叹吁。（夏仁虎《跬园谜刊三种·题词》）

按：夏仁虎（1874—1963），字蔚如，号啸庵、枝巢、枝翁，江苏南京人，国学家，著作等身。与竹侯系江阴南菁书院同窗，寒山社、北平射虎社社友。曾署"年愚弟"为《顾竹侯先生讣告》卷首题字"顾竹侯先生遗象"。

宗威生。

绝世聪明顾虎头，一生余技付藏阄。彦和书里搜谐语，麓稿何须待隐侯。

骚坛旌旗要平分，绝妙文心更不群。射虎只今无片石，灞陵闲煞故将军。

---

① 王炜编校：《〈清实录〉科举史料汇编》，武汉大学出版社，2009年，第954页。

挽强命中仆犹能，展卷同君感不胜。除却南都阮司马，更无人解唱春灯。

灯红射覆忆分曹，击节狂呼意兴高。今日故人都宿草，秋风泪洒旧青袍。（子威《题顾竹侯谜稿合刊今竹侯已下世矣此调不弹手生荆棘思之泫然》）

按：宗威（1874—1945），字子威，江苏常熟人，清宣统拔贡，是竹侯寒山社、北平射虎社、隐秀谜社诗友、谜友。其子宗之璜（志黄），丁卯社成员。1922 年夏，张郁庭事务繁忙，不能兼顾，改推宗威为隐秀社会长。历任辅仁大学、北京师范大学、北京大学、湖南大学等校中文系教授，为老舍的语文老师。曾在《湖南大学（季刊）》刊发《竹侯同社邀作春雪吟同赋》一首，中有"贞元朝士更何人，虎头诗妙能通神"句。《题顾竹侯谜稿（合刊）》载在 1936 年 11 月出版的《湖南大学（季刊）》第 2 卷第 4 期上，与《跬园谜刊三种》中宗威题诗个别字句略有不同。

《跬园谜刊三种》题词中，有 6 人不约而同直呼竹侯"顾虎头"或"虎头"，看来此美誉已传遍南北。有隐秀社社友，更以"顾虎头"为面，射《四子》两句，谜底：阳货先、岂得不见。（见《铁路协会会报》第 11 卷第 2 册的"隐秀谜社隐语"）阳货，名虎，字货，春秋鲁国人。淮阴谜友范冕也曾以"顾虎头"为面，猜一"现"字。"见"扣"顾"；谜底前部分取形"王"，扣合"虎头"。竹侯亦有作品：顾长康五百应真图（谚语）虎头罗汉　顾虎头所画罗汉。

光绪元年，乙亥，公元1875年，4岁

十月初九，宋康复生。

按：宋康复（1875—1916），字敦甫，一字少卿，湖北汉阳（今湖北武汉）人。举人。据顾廷龙《清代硃卷集成》载，他为光绪癸卯"恩科本省乡试中式第四名"。为湖北学堂经心书院优等生，端方联名张之洞向朝廷举荐他云："品行修谨，志趣清超，研求经史，饶有心得，所为文字，天骨开张，才气英伟。"系竹侯寒山诗钟社、北平射虎社社友。

光绪二年，丙子，公元 1876 年， 5 岁

薛凤昌生。

按：薛凤昌（1876—1943），原名蛰龙，字砚耕，号公侠，江苏苏州人。著名教育家、文献家、谜家。所著《邃汉斋谜话》是我国较早的谜话之一，它一改明清以来谜作汇编的谜集模式，以散文笔法阐述谜学理念、记录灯谜史料，对后世谜人创作实践和理论认识及谜史研究都有着较为深刻的影响。薛凤昌灯谜作品散见于《邃汉斋谜话》《小说林》杂志、上海《文虎》等。

持白公退归故里。段朝端《翰林顾先生传》记载，他湖南学政"任满将还朝，念母老，惮远涉，遂乞养归。时年未五十也。自是徜徉林壑者廿余年"。回乡后，购勺湖书塾。

光绪丙子，顾苍波自湖南学政任满归里，出资从杨姓赎回，仍复旧名"勺湖书塾"，并增建偏房，有理菊山房、妙莲阁诸胜。月一会友，仍供太史果主于中，岁一展祀。（段朝端《跰蹮余话》）①

---

① 淮安市淮安区历史文化研究会、地方志办公室编：《〈文渠志〉〈勺湖志〉〈万柳池志〉〈漂母祠志〉点校》，黑龙江人民出版社，2020 年，第 248 页。

张超南生。

按：张超南（1876—1955），原名海楼，字蟹芦，号素圃，福建永定（今福建龙岩）人。历官新宁、湘潭、善化、衡阳知县，川东道肃正史、大理院推事、平正院评事，俱有政声，入民国后任总统府顾问、参议院议员等职。张起南之兄，北平射虎社、丁卯谜社成员，其谜作与黎六禾合辑为《张黎春灯合选录》。

光绪三年，丁丑，公元1877年， 6岁

冬，父持白公修复勺湖草堂，堂额由高行笃题写。

城北勺湖书塾，旧为邑人阮裴园先生别业，先生自提学湖南归，会交于此。百余年来，日就荒圮，府君葺而新之，仍聚诸生讲习经说，间与路山夫、徐宾华、段笏林、罗叔韫诸先生为诗酒之宴，吟笺互答，一时坛坫称盛。（顾震福《清故通奉大夫翰林院编修湖南学政先考持白府君行状》）[1]

吾师山阳顾先生，由翰林出官湖南督学，后阮先生几百年……既秩满，假归，以太夫人年高，不复出，而其居在湖上，去阮氏故址最近。间出橐资，易而得之，于是僦工营度，以新以完。既竣，召乡人子弟会文、饮酒、赋诗以落之。一时观者谓自阮先生殁后百年，复睹承平讲学盛事，旷于久而复于猝，非直阮氏之私幸而已。（阎镇珩《修复勺湖草堂记》）[2]

勺湖草堂西辟"理菊山房"，持白公奉母赏菊于此，万青选题

---

[1] 淮安市淮安区历史文化研究会、地方志办公室编：《〈文渠志〉〈勺湖志〉〈万柳池志〉〈漂母祠志〉点校》，黑龙江人民出版社，2020年，第245页。

[2] 阎镇珩撰：《北岳山房诗文集》，岳麓书社，2009年，第107页。

额。持白公绘《勺湖理菊图》，作《自题〈勺湖理菊图〉》，刘庠撰《勺湖理菊图·记》。持白公"绘图征诗"。应征唱和者众：王一梧、王先谦、阎镇珩、胡尔坤、谈寿龄、徐嘉、段朝端……

光绪四年，戊寅，公元1878年， 7岁

正月，淮安徐嘉、段朝端、于少芗招集同好设淮安隐语社。竹侯在《商旧社友谜存》序言中自述"予时龆龀，未能了解"。

戊寅正月，同人戏立隐语社，从而和者复十数辈。所积既多，爰遴其雅驯者若干首付手民。灯谜相传有"广陵十八格"，"包意"似腐而实奇，"离合"似庸而实古，兹刻不外此例。至于竹西春社所刻"梨花"一格，尤脍炙于淮人士之口。顾方音各异，未可强同，概置弗录。（《隐语鲭腴·跋》）①

戊寅春，吾乡先辈徐丈宾华（嘉）、段丈笏林（朝端）招集同好设隐社。（《顾竹侯灯窗漫录稿本·隐语鲭腴》）

按：本谱中《顾竹侯灯窗漫录稿本》，皆引自南京市工人文化宫业余灯谜组编：《灯谜·八》第40—42页（1980年编，1982年出版）、《钟山谜苑·九》第22—24页（1983年出版）。放在《小掌故》栏目内，前有编者按："近在谜家前辈钱南扬先生处获得《顾竹侯灯窗漫录稿本》一册，系顾先生手书移赠，内载'北平射虎社'等六个谜社的简史。未见有刻本，今承钱先生允予付梓分两期印完，作掌故以供识者对谜事研究之参考。"

其实，十几年前薛苏台、何庚香等人结的文会，可能就是隐语

---

① 《隐语鲭腴》，光绪四年刻本。

社的前身或雏形。徐嘉在其《遁庵丛笔》载：星纬（乔连珠，字星纬）师与嘉居接宇，读书声相闻也。咸丰甲寅年（1854），与薛苏台、何庚香、高海秋、王赓虞、阎香圃、杨淦泉诸君结文会，就师请业，爱嘉逾骨肉。①

吾淮介南北之冲，漕河关盐，民康物阜。乡先生安居乐业，绩学能文，觞咏余闲，廋词互射，打破胡卢，热铛再作。春秋佳日，于以竞才思，抒兴趣，信可乐也。（顾震福《跬园谜刊三种·自序》）

4月，徐嘉、段朝端选刊淮安隐语社作品集《隐语鲭腴》，扉页有"光绪四年孟夏锓板"字样。

偶园寓客、绘秋馆主逢场作剧，结习未除。当九十春光，邀二三知己，分为斯制，务去陈言……操觚者有少芗、霜圃、苏台、蔗湖、嗣龙、霭岑、镜珊、云髓诸君。厉禁者为皓首、素心、卷帘、夹雪、粉底、朝阳、叠韵、双声诸格。（东溪渔隐《隐语鲭腴·序》）②

卷首骈体文之序言，末署东溪渔隐，即徐丈宾华，丈于同治庚午举于乡，选昆山教谕……段

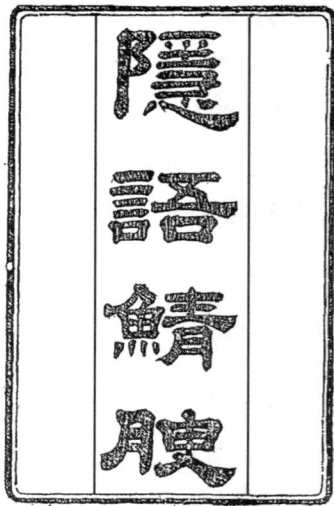

《隐语鲭腴》封面

---

① 王锡祺编纂，张强点校：全国高校古籍整理委员会，《山阳诗征续编（上）》，陕西人民出版社，2011年，第292页。

② 《隐语鲭腴》，光绪四年刻本。

丈，邑廪贡生……晚年称蔗叟，皆予父执，常随侍奉教，知之甚稔。是编即此两先生所选刊……偶园寓客即少艿，姓于，字绍香，官海州盐运分司，著《今雨楼诗存》；绘秋馆主即霜圃，姓黄，字蕙伯，官富安盐运大使，著《借竹宦藏书题跋记》。两公卸职后皆寓淮，记问赅博，工诗词。乡先辈既与过从，自不得不推重寓公，所以奉偶园、绘秋馆为首。其他操觚诸君，少艿、霜圃、蔗湖外，予所知者：苏台即薛苏台，霭岑即程冶臣，镜珊即王觐三。只嗣龙、云黼两先生不识真姓名。　（《顾竹侯灯窗漫录稿本·隐语鲭腴》）

按：《隐语鲭腴》刊行时间，竹侯自记两处不一致。《商旧社友谜存·顾序》："光绪四年（戊寅），选刊社友佳作专辑，典包意包，颜曰《隐语鲭腴》，不胫而走，遐迩传诵。"《灯窗漫录稿本·隐语鲭腴》："己卯（光绪五年）孟夏刊是编。"恐系稿本笔误，或后人误植。

弟贤福生。

张起南生。

按：张起南（1878—1923），字味鲈，号橐园，福建永定（今福建龙岩）人。北平射虎社成员，有"谜圣"之誉。出版《橐园春灯话》，《橐园春灯续话》惜未刊行。逝世后遗有未刻谜语数万条，寄藏韩少衡家，后由黎国廉及其兄张超南搜集整理，编成《橐园春灯录》一书，合编于《张黎春灯合选录》（八卷）出版。

张郁庭生。

余旧有北平射虎社十二谜家小评，以补"像赞"之不足。心中景仰，岂能无辞……顾竹侯如缙绅先生，循规蹈矩，堪为人伦冠

冕。（张郁庭《古今谜话·三续》）①

按：张郁庭（1878—?），名瑜，字郁庭，号铁柱轩主，以字行，河北大兴（今北京）人。北平射虎社、隐秀社、丁卯社等灯谜社团成员；北派谜重要人物，谜书收藏家。

光绪五年，己卯，公元1879年，8岁

陈栩生。

按：陈栩（1879—1940），字栩园，号蝶仙、天虚我生，浙江杭州人。著名报人，鸳鸯蝴蝶派代表作家之一，南社社员，谜家。曾为《文虎专刊》第八期题写报头。他在主持的《申报》"自由谈"上开辟"谜话"专栏，大力宣传灯谜。杜度为《跬园谜稿》题诗云，跬园与俞樾（曲园）、张起南（橐园）、徐家礼（蔼园）合称"四园"。其实，再加上栩园，亦可称得上谜坛"五园"也。

光绪六年，庚辰，公元1880年，9岁

春，持白公在勺湖草堂西增建水阁，题名"妙莲世界"，庭中立有他从湖南带回的三块奇石。草堂后筑"阮亭"以祀阮学浩，"同人时会文与此"。持白公作有《丁丑冬为阮裴园前辈修复勺湖草堂庚辰春增建水阁落成诗以纪之》。②

按：这三块奇石，后被移至味蔬堂前。顾翊群在《管艇书室学

① 北京《北华月刊》，1941年8月第1卷第4期第110页。
② 顾云臣著：《抱拙斋集》，台北佩文书社，1961年，第7页。

术论丛》序中记："余幼时与兄姊等在家塾中'味蔬堂'受教，堂前有二梧树荫之，前列同治末年先祖视学湘省后所携回之三巨石于花台。"

亦称妙莲龛。云臣夫人窦恒吟咏其中，著有《妙莲龛诗存》。（毛乃庸《勺湖志》卷八《书院》）①

秦遇赓生。

灯窗射虎，十五年前思旧侣。绿鬓如烟，箫鼓声中忆上元。

春明梦醒，垂老心情风绪定。各有千秋，矮纸低檐韵事留。（秦遇赓《跬园谜刊三种·题词·减字木兰花》）

按：秦遇赓（1882—1959），字襄虞、湘渔、南村，号匪石居士，商旧谜社社友。光绪辛丑（1901）补博士弟子。著《匪石居集》《匪石居秦汉官私印存》。曾师从徐嘉，他和他的侄子秦粤生，也都是持白公丽正书院的学生。民国二十年版《淮安县志》分纂。曾任淮阴六师教员，1944年左右，为所供职的省立淮安中学撰校歌歌词。

关赓麟生。

按：关赓麟（1880—1962），字颖人，广东南海（今广东佛山）人，1904年中进士，嗣赴日留学。归国后，历任财政部秘书、交通部路政司司长、联运处处长、编译处处长、铁路总局提调、京汉铁路管理局局长、交通大学校长。寒山诗钟社、稊园社、北平射虎社、隐秀谜社干将。

《隐书》梅华馆刊本印行，是年作者俞樾60岁。

_____

① 淮安市淮安区历史文化研究会、地方志办公室编：《〈文渠志〉〈勺湖志〉〈万柳池志〉〈漂母祠志〉点校》，黑龙江人民出版社，2020年，第261页。

7 月 18 日，弟贤福夭。持白公痛赋《哭次儿贤福》四章，中有"敢言难兄又难弟，两世单传望汝成"句。①

淮城西南隅留云道院南的五云堂改为射阳书院。②

光绪七年，辛巳，公元 1881 年， 10 岁

杜宴生。

按：杜宴（1881—1957），字鹿笙。丁卯谜社创始人之一。广东番禺（今广东广州）人，兄杜清贻、姐清持"皆精于此道（文虎）"。毕业于香港皇仁书院，留英归来任教辅仁大学，后去美国。1912—1919 年间，在桂林师范等校教授外语，所筑小浣花堂，"时有诗谜雅集"，有"隐语搜求工射虎"诗句。1922 年任民国政府农商总长秘书，1925 年任职交通部，1933 年在平绥铁路局工作。1946—1948 年任职东北物资调节局。1946 年，在沈阳加入韦荣先主持的"民众射虎社"。1949 年去了台湾，1956 年夏曾为程哲民的《谜海》作序。其夫人伦灵飞（鸾），著名女词人，萍社谜家况周颐的女弟子，亦为丁卯谜社成员，与竹侯为北京女师大同事。

《辛巳春灯百谜》出版，是年作者况周颐 23 岁。

持白公等人申请在五云堂左船厅奉祀丁晏、何锦，为丁、何二公祠。③

---

① 顾云臣著：《抱拙斋集》，台北佩文书社，1961 年，第 120 页。
② 段朝端等纂，刘怀玉、徐爱明、解军点校：《续纂山阳县志》，黑龙江人民出版社，2023 年，第 1519 页。
③ 同上。

光绪八年，壬午，公元1882年， 11岁

向持白公同治甲子科同年中举的何庆芬（字庚香，住西门于家巷）学习谜格、谜诀等灯谜知识。

予幼时以年家子曾往抠谒，承殷殷训迪，益教以谜格、谜诀，并读其《蜨阶闲事》抄稿，岁久多忘，《娱萱室》所收亦未见。（《顾竹侯灯窗漫录稿本·蜨阶廋辞》）

亢榕门生。

按：亢榕门（1882—1927），字兴北，号容园，以字行。江苏淮安人。商旧谜社社员。秀才出身，后入淮安中学师范科，毕业后任师范传习所所长暨各校教员、警务局会计。工书画，善度曲，精鉴赏，收藏名迹甚富，为淮安有名的收藏鉴赏家。曾在胯下桥西筑"容园"，以为别墅。侨寓北京，喜隐语外，嗜京剧，忙于"顾曲"；后入北平射虎社、隐秀谜社等。所绘花卉，为梅兰芳、尚小云等名家喜爱。著有《容园谜存》。

光绪九年，癸未，公元1883年， 12岁

曹叔衡生。

夜行射虎旧闻名，淮北宣南选主盟。漫把雕虫称小技，个中甘苦自分明。

斗角钩心运巧思，虎头声誉虎坛驰。一编搜辑频年作，胜读曹碑绝妙词。（曹叔衡《跬园谜刊三种·题词》）

按：曹毓钧（1883—1936），字叔衡，号穹汉，以字行，江苏吴县（今江苏苏州）人。1893年赴沪。1925年交通大学聘其为教授，

1928 年后在上海交大图书馆任中文图书编目员，1936 年冬逝世。在苏州跟随《新灯合璧》编著者管礼昌学谜，在上海加入萍社，主办《寓言报》时结交孙玉声；与吴莲洲共任《文虎》半月刊"主干者"，并在该刊连载《文虎体例》20 余期、《续海上文虎沿革史》7 期、《文虎回忆录》2 期、续撰"集锦小说"《虎因缘》第 2 期。

林彦博生。

按：林彦博（1883—1944），本名嵩堃，字公博，别号博道人，满族西林觉罗氏，在清光绪、宣统年间，任礼部员外郎。寒山诗钟社、北平射虎社、隐秀社成员，画家，曾与张郁庭在平汉铁路局共事，亦曾合作过书画。竹侯去世前曾函托张郁庭转赠《跬园诗钞》一部。

光绪十年，甲申，公元 1884 年， 13 岁

课余，以射覆猜谜为乐。

予弱而好弄文，课之暇，辄招三五侪侣，仿藏弧射覆故事，角逐为乐。嗣牵尘俗，作辍靡常。（顾震福《跬园谜刊三种·自序》）

李福基（瘦岑）参加县学入学仪式考获第一名。

洎黄再莅淮，甲申科试，瘦岑亦以县学第一名入泮。时淮郡训导张秋舫，兆辚，后改名元度。孤洁拔俗，爱士出天性，为文高雅有法。（顾震福《商旧社友谜存·李瘦岑戚玉丰传》）

亢廷鉁生。

按：亢廷鉁（1884—1952），字聘臣，号尘海虚生，蜀籍吴人，北平射虎社成员，1919 年出版《纸醉庐春灯百话》。

光绪十一年，乙酉，公元1885年，14岁

南菁书院首任院长张文虎卒。

按：张文虎（1808—1885），字孟彪，一字啸山，号天目山樵，上海南汇（今上海浦东）人，清代学者、谜家。1883年受江苏学政黄体芳之请，出任南菁书院首任院长。嗜好灯谜，谜作收在其著作《舒艺室杂存·廋辞偶存》中。

光绪十二年，丙戌，公元1886年，15岁

2月2日，时任松江府娄县（今上海）县学教谕的常熟谜人姚福奎，在日记中提到一位新朋友："晨，新任华学何庚香来拜。"此后数年，这两位教谕因谜结缘，灯谜成为他们公余娱情的重要内容："竟日谈天"，庚香说灯谜："'睡鞋'打卦名四'家人、临、困、履'；'子食于有丧者之侧'二句《春秋》人名'见灵辄饿'。颇妙。""午后，松丈偕陈叔铭、庚香、子研及予同出西门……啜茗时，叔铭谈一灯谜，颇妙。"①

竹侯补博士弟子员，在徐钟恂等同学中年龄最幼。

漫夸年最少，霜雪已盈鬓。入泮时予年十五，序齿为最幼。（顾震福《芹谱公宴仍未克与柬介清潞生》）②

---

① 姚福奎著，杨柯整理：《姚星五日记》，凤凰出版社，2022年，第317页。

② 顾震福著：《跬园诗钞》，台北佩文书社，1960年，第12页。本谱中谱主所有的诗词作品，如未特别注明出处，皆引自此书。

光绪十三年，丁亥，公元 1887 年， 16 岁

食廪饩。岁科试七列一等，两列第一。经古场作累刊入江苏试牍。[①]

3 月，徐嘉《味静斋诗存》出版，持白公作序。

该年，山阳县学额（县学生的名额）礼部增廪生四名，增生四名，由阜宁拨还附生二名，"为数凡二十七"。持白公作《山阳学额记》。[②]

光绪十四年，戊子，公元 1888 年， 17 岁

赴省试前，与周珩（佩玱）、张绍文（郁斋）、丁积福（善甫）、王镜人（蓉轩）、王达源（培深）相聚淮安南城外龙光阁，作七律一首。此诗为《跬园诗钞》首篇。

巽冈杰阁耸层岩，翘秀淮山久不凡。万里寒光射星斗，阁中祀文昌魁星。三城秋影送风帆。高飞鸿雁辞菰蒋，小隐虬龙拥桧杉。巽冈一名交龙冈。千仞振衣遥望处，葱茏佳气日边衔。 （顾震福《龙光阁》）

光绪十五年，己丑，公元 1889 年， 18 岁

元宵节，与韦宗海、韦宗潞兄弟及一帮同学一起猜谜，渐染

---

① 刘家平、苏晓君编：《中华历史人物别传集》第 82 册，线装书局，2003 年，第 279 页。

② 顾云臣著：《抱拙斋集》，台北佩文书社，1961 年，卷四第 11 页。

谜癖。

论文余暇，兼及廋词。君濡染既久，凡孔融离合、曹碑、鲍井等体，罔不洞悉。时邑中寓公浙人许、武、魏、洪诸君子，逐虎射雕，执坛场牛耳。君则乡军突起，萃伯叔昆季，狎主齐盟，足拔赵帜，而立汉帜。予以从妹倩，时与亲炙，亦渐有隐癖，间操槃敦以从。己丑元夕，会于洛仙医室。洛仙者，君介弟，名宗潞，亦诸生，而与有同好者也。（顾震福《商旧社友谜存·韦袖东东川合传》）

己丑科乡试堂备。

9月，与韦宗海等同好聚于城西澄轩猜谜。韦讲解广陵十八格等谜理规范，渐得谜津，兄弟研谜，乐在其中。

秋九月，又同集城西澄轩。予年甫十有八，君与谈广陵十八格，并以旧藏隐书示予，触类旁通，津津乐道。予得有轨范，隅反益易。勺湖书塾，跬园管艇，递屡为东道。君又咸来商榷，不惜奖借，夺标击节，乐可知矣。（顾震福《商旧社友谜存·韦袖东东川合传》）。

重阳日，长子翊辰出生，母亲为淮安韦石杉之女。

按：顾翊辰（1889—1962），字伯笙。北京大学预科毕业，曾任北洋政府财政部秘书、在印铸局主持总务厅行政工作，中孚银行北平分行文书主任。著有《蠖庵类稿》。娶何福恒三女何筠森。

9月，段朝端在其"自编年谱"中记述："何庚香自华亭来，持《冷斋别趣》一册，丐予抉择。盖其自撰廋辞也。"[1]

按：此《冷斋别趣》，不知是否《顾竹侯灯窗漫录稿本·蜻阶

---

[1] 《蔗叟师自编年谱》，民国抄本，现藏淮安市淮安区图书馆。

庼辞》记载的《蜻阶庼辞》或《蜻阶闲事》？

秋，勺湖书院设勺湖经塾，又名学经书院，以刘仪吉为师。漕督徐文达"由清江善后局岁发公帑百数十缗为修脯膏奖资"。

先生讳仪吉，字云鸿，姓刘氏，山阳人……先大夫归自湘学，修复勺湖书塾，既聚徒论文如阮先生故事。时俭卿、子静诸耆宿先后凋谢，吾乡经术不绝如线，乃延主讲席，分经月试。先生勤勤教诲，理求其是，无汉宋门户习，成就后进甚多。（顾震福《刘仪吉传》）①

该年，翰林、广西临桂人谢元福（子受）补授淮扬海道，在山阳文通寺旁的奎文书院增设经古课，商旧社友季凤书在此以经艺、诗赋"累冠曹偶"；后又投沭阳人李映庚门下，习"元乐府"律，名噪清淮间。谜友王鸿翔为季位于萧湖畔的书屋"西湖草堂"题额，并赠联云："乐府小垂手；医书三折肱。"谜友汪筱川亦赠联云："竹篱茅舍临湖畔；烟雨溪山古寺旁。"

吾邑距城三里许，有河下镇，人文荟萃区也。镇人邵云举、征。杨伯威，嘉祥。皆与予同芹谱，又均嗜谜，春社中恒与遇。顾不自值社，又中年岨谢，无表见。君视邵、杨为后辈，而能文喜隐，与邵、杨同。（顾震福《商旧社友谜存·季凤书传》）

光绪十六年，庚寅，公元 1890 年，　19 岁

竹侯有一则"庚寅"谜——庚寅（词牌）上阳春。自注："庚韵上是阳韵，寅是春正月。"或许就是在本年创作。

---

① 淮安市淮安区历史文化研究会、地方志办公室编：《〈文渠志〉〈勺湖志〉〈万柳池志〉〈漂母祠志〉点校》，黑龙江人民出版社，2020 年，第 260 页。

8月，蔼园徐家礼的《蔼园谜剩》书成。次年初先由上海《点石斋画报》附刊，皆以作者手书、"前隐后解"形式编排；秋间石印专书。后来，蔼园修订后改名为《谜剩》。

> 庚寅八月，偶捡败筥，得旧作若干条，汇而录之，署曰《谜剩》。酒边灯下，供留髡之谈助，何如？（蔼园主人《蔼园谜剩·序》）①

按：徐家礼（1854—？），字美若，号蔼园主人、蛰园居士，浙江海宁人。画家、戏曲家、谜家。善画山水，工制文虎，并精音律。长期在《点石斋画报》绘制古画摹本，著有《蛰园五种曲》《蔼园谜剩》。《春谜大观》收其谜作颇多。《申报》屡载其在上海徐园的谜事活动。

陈屯生。

按：陈屯（1890—1950），字冕亚，以字行，原名幼升，湖北蕲春（今湖北黄冈）人。曾参加同盟会。袁世凯窃取革命果实后，东渡日本留学，研习法律。学成归国，到南京国民政府任职，历任行政院参事及内政部科长、司长、参事室主任（相当于次长）。1950年春，经董必武推荐，任南京新法研究会主任。北平射虎社、隐秀社成员。

光绪十七年，辛卯，公元1891年，　20岁

再娶寿县孙传樾长女、李瀚章外孙女孙多康。

> 母孙太夫人，皖寿仲山公长女，生男四：翊经、翊文、翊群、翊威。惟翊文夙究心诗古文辞，年二十不禄。（《顾竹侯先生讣告·

---

① 高伯瑜等编：《中华谜书集成（二）》，人民日报出版社，1993年，第1262页。

行述》）。①

来归时辰儿甫三龄，教养与经儿等同。（顾震福《仲秋内子六秩赠此慰劳》）

按：李瀚章（1821—1899），字筱泉，谥勤恪，后人多尊称其李勤恪公，安徽合肥人。其父李文安，曾官刑部郎中，与曾国藩为戊戌同年进士。李鸿章之兄。光绪二年（1876）任湖广总督。据《续纂山阳县志·职官》载，光绪十五年，在淮安任漕运总督。

和亲王后裔溥良（玉岑）督江苏学政，辑竹侯数篇"经说"入《江苏试牍》。

楩梓曾充广厦材，文章风义仰鸿裁。竟教地下从先帝，哭庙王孙剧可哀。宗室溥玉岑夫子，《江苏试牍》采拙作"经说"数篇。国变后乔梓同时殉节。（顾震福《感逝诗》）

持白公主讲宝应画川书院。

王锡元主修的"私志"《盱眙县志稿》，"时历十稔，草经数易"后刻印出版。编纂者为山阳高延第、盱眙吴寿、山阳徐嘉、盱眙秦其增。分辑者为山阳李钟骏、程钟、杨嘉谷、李鸿年、沈家驹、段朝端，盐城陈玉树，盱眙杨瑞麟。②

按：王锡元（1824—1910），字兰生，安徽盱眙（今江苏盱眙）人，咸丰九年（1859）五月太平军洗劫盱眙后寄居山阳，晚年寓居宝应。谜家、词人、藏书家。同治四年（1865）进士。分吏部文选司，官淮安府里河同知。著有《隅园隐语》《梦影词》。《盱眙

---

① 刘家平、苏晓君编：《中华历史人物别传集》第82册，线装书局，2003年，第283页。

② 淮安市地方志办公室，高延第、王锡元、夏维新：光绪《盱眙县志稿》，广陵书社，2021年。

县志稿》1960 年由台湾盱眙同乡会影印出版，于右任先生题写书名。

持白公老友秦焕卒。

淮海文章仰太虚，光芒万丈剑虹居。桂林政绩传循吏，犹及先朝史笔书。同邑秦丈文伯富文名，著《剑虹居稿》，官桂林时著勋绩已载国史。（顾震福《感逝诗》）

按：秦焕（1817—1891），字文伯，江苏山阳（今江苏淮安）人。咸丰十年（1860）进士，官至广西按察使。为文长于议论，有警辟之言及愤郁不平之慨。能诗。著有《剑虹居文集》《剑虹居诗集》。秦焕故居现位于淮安市淮安区南门，面积甚大。

光绪十八年，壬辰，公元1892 年， 21 岁

在扬州结交寿州薛宜兴，谜趣相投。

予甫逾冠，即识君于邗上。互道所好，针芥颇投。嗣屡晤淞滨，各质近作，雅谈清辨，刺刺不休。旁观者或窃笑，不知此中固别有深趣也。（顾震福《凡民谜存·顾序》）

按：竹侯与薛宜兴、方燕年，可能同时相识于扬州。因为方燕年在《薛宜兴传》中亦云："燕年甫弱冠，见之扬州，后颇邂逅未甚稔。"而顾、方系同年出生，又是姻亲；方与薛是寿州同乡。

3 月，持白公作《重修火神庙记》。"官绅倡捐"重修此庙，"云臣亦从其后"。[1]

4 月 8 日，姚福奎被擢升为常州府学教授即将离沪时，何绮与

---

[1] 顾云臣著：《抱拙斋集》，台北佩文书社，1961 年，第 66 页。

友人吴光绥（廉石）作灯谜赠别："午后，庚香偕廉石至，茶话良久，同出西门。廉石戏成灯谜四句赠余，每句射一古人……颇有趣味。首、三、四句，庚香俱猜着。"①

7月，《小学钩沉续编》八卷刊印。辑录佚书48种，其中35种补充了任大椿的《小学钩沉》漏辑的大量佚文，辑佚成果丰硕，仅《声类》一书比他人多辑出一百条。有些材料，弥补了早竹侯五六十年的黄奭辑佚韵书《黄氏逸书考·汉学堂经解》的不足。

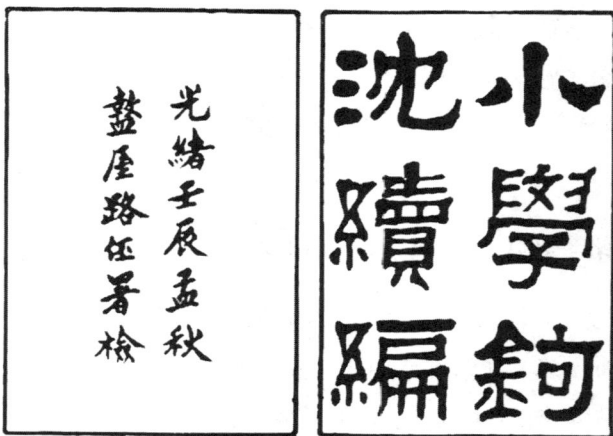

《小学钩沉续编》封面，路伍题签

《小学钩沉续编》第12页辑得三国魏李登撰《声类》佚文"谜"字条下为："谜，隐语，迷人也"，并注所引文献为"《慧琳音义》三十六"。②顾震福是第一位辑佚出《声类》"谜"字的人，此项辑佚印证了《文心雕龙》"自魏代以来，颇非俳优，而君子嘲

---

① 姚福奎著，杨柯整理：《姚星五日记》，凤凰出版社，2022年，第391页。
② 《续修四库全书》编纂委员会编：《续修四库全书·经部·小学类》，上海古籍出版社，2002年，第771页。

隐，化为谜语"之说，将可考"谜"字最早出现的年代上推两百年到曹魏时期，对谜学研究意义重大。

任书成于晚岁，采撮不能无遗，比来日本所出诸逸书多引古籍遗文，任氏亦未之见。震福幼奉家君庭训，即命浏览诸字书……任氏所未及者，依其体例为补辑之。（顾震福《小学钩沉续编·自序》）①

顾君幼奉其尊人持白先生庭训，凤究心许郑之学，兹之所辑，未足觇其学之全，然其有功于前哲，沾溉于来学者，已不浅矣。（罗振玉《小学钩沉续编·叙》）②

11月中旬，淮安连降瑞雪。持白公父子邀段朝端、路岯（山夫）、罗振玉、邱于蕃等为消寒之饮，互有酬唱。路山夫看到持白公"炙砚已教童子关，翻书还令小妻忙"，发出感叹"君家盛事深堪羡，寿母佳儿共一堂"。③ 徐嘉"以事未赴"，但仍"即步原韵"相和，并在诗注中云："持白母太夫人年已八十五，与家母同年月日生。"后又有《叠韵述怀柬持白》等诗。④

秋田菜圃未全荒，杖履追随结客场。讲学幸容小子听，借书欲罄故家藏。围炉煮酒消寒易，刻烛裁诗索句忙。寸铁不持看白战，风流何啻聚星堂。（顾震福《壬辰雪后家大人觞客味蔬堂以诗代柬敬步原韵》）

11月，《隶经杂著》脱稿。

---

①　《续修四库全书》编纂委员会编：《续修四库全书·经部·小学类》，上海古籍出版社，2002年，第740页。

②　罗振玉撰述：《雪堂类稿》，辽宁教育出版社，2003年，第493页。

③　刘於义编：《陕西通志》，台北华文出版社，1969年，第6468页。

④　《清代诗文集汇编》编纂委员会编：《清代诗文集汇编》，上海古籍出版社，2010年，第549页。

城阙连雪日气荒，瑶阶琼树炫词场。深林未霁天如幕，海宇无尘地尽藏。两世高怀师古易，一家真乐校经忙。竹侯《隶经杂著》脱稿。青裳丹棘宽闲处，早为康成筑礼堂。（徐嘉《连雪盈尺五叠持白韵并柬竹侯》）

江东心迹久颓荒，何敢驱驰翰墨场。入座我惭文字饮，名山君有著书藏。君著有《小学钩沉续编》等书。丰年已兆人心慰，履境多虞镇日忙。为道借书前例在，一瓻深盼到斋堂。君借予《龙龛手鉴》，故诗中有"借书欲馨故家藏"之语。予前饮君寿州枣酒，极芳美，故戏为一瓻之请。（罗振玉《顾竹侯文学和其尊人持白雪后招饮之作录以见示步均奉和》①）

持白公《胡厚堂太守（尔坤）见和九叠前韵酬之》的首联、颔联云："秋葭池馆水云荒，惆怅春灯斗酒场。几辈山丘早零落，一官朝野半行藏。"小注慨叹："曾与君晚饮袁浦张云阶秋葭馆已阅卅年矣！"又注"惆怅春灯斗酒场、几辈山丘早零落"云："谓张雨生、刘子香、程小涵诸社友。"应是言道光、咸丰年间清江浦谜社事。②

腊月十九日，持白公父子邀文友到路山夫苇西草堂欧舫，为苏东坡"作生日，同人皆有诗……至除夕乃已"。路山夫"即事有作"诗注云："雪后奇寒，为风景尤佳，作诗代柬，招诸同人过敝园一醉。"③ 徐嘉亦有《饮欧舫七叠前韵柬山夫》《坡公生日笏林约同人设供欧舫赋七古一章和笏林》《二十四日与于蕃叔韫招同人夕饮欧舫即步笏林用东坡韵》等诗。

① 罗振玉撰述：《雪堂类稿》，辽宁教育出版社，2003 年，第 13 页。
② 顾云臣著：《抱拙斋集》，台北佩文书社，1961 年，第 89 页。
③ 《蕉叟师自编年谱》，民国抄本，现藏淮安市淮安区图书馆。

12 月，《隶经杂著甲乙编》各两卷刊行。该书所考，皆信而有征，不作向壁虚造之言。或发明故训，或释疑辨难，解决了不少群经考释中的疑难问题，可以作为读经的参考。

路伓为《隶经杂著甲乙编》作序。

竹侯年少志锐，是篇乃其权舆，他日学与年进，其精博当更无涯矣。企予望之矣。（路伓《隶经杂著甲乙编·序》）

光绪十九年，癸巳，公元1893 年， 22 岁

正月初七，"消寒之饮"于顾家"味蔬草堂"进入尾声。持白公有诗《癸巳人日招路山夫罗叔韫徐宾华段笏林邱于蕃蒋觐宸饮味蔬草堂以诗代柬》。

酒国与文坫，我欲先遁逃。折柬屡见召，下质惭甄陶。春煦雪初泮，涂泥滑于膏。街衢未可步，且复乘轻舠。入坐秉明烛，欢然酌春醪。山肴与野蔌，一一充厨庖。新诗共赏析，众美无不包。阳春和未能，哺啜愧老饕。小子实愚鲁，守拙坚且牢。未敢诩孤介，硁硁聊自操。颇以著书情，遣此岁月滔。安忍坐自弃，荒落如蓬蒿。（罗振玉《人日持白丈宴为诗社蕞尾之饮，以诗代柬，次均奉和》）①

按：《跬园谜稿》收有几则有关"人日"的"四子"谜：

正月七日（四子）端人也　正月为端月，七日是人日。

思发在花前（四子）作者七人矣　薛道衡作于正月初七——人日。

草堂诗欲寄，往事感时迁（四子，红豆格）今有人日攘其邻之

---

① 罗振玉著：《雪堂自述》，江苏人民出版社，1999 年，第 191 页。

鸡者 日字逗。人日题诗寄草堂。时迂偷鸡,此言人日攘鸡。

这场跨年文坛盛会,由顾氏父子的两诗而启,唱和者众,不但受邀到场的文友皆有和诗,段朝端除夕还在忙着和诗,竟"十叠前韵",而且政界文人亦雅而和之。持白公就有《刘慈民中舍见和八叠前韵酬之》《蒋觐宸十叠前韵酬之》诸作。后持白公将"续集数四,所积益伙"的"属和不休"之作,辑成《双催集》。①

先大夫少丁忧患,幼学嗜古。弱冠肆业袁浦,与诸同门结吟社,更唱迭和,裒然成帙,曾限"人"字韵,叠至三百绝句。(顾震福《抱拙斋集·跋》)

1月,《韩诗遗说续考》稿成,送段朝端阅并索序;完成此书自序。

今幸三家遗谊犹时时见于他说,固治诗家所极当考证者,此陈朴园先生所以有《三家诗遗说考》之作也。震福不度沟瞀,欲即群书之引三家诗者,拾陈辑之遗以补考之……遂益叹《韩诗》之有补于毛,而愈惜其早佚也。然麟凤一毛,龟龙片甲,亦甚足宝贵矣。(顾震福《韩诗遗说续考·自序》)

春,与持白公、路山夫、王寿萱等诗社社友在山阳新城拜谒阁百诗(若璩)先生祠。

癸巳小春,携震儿从同社诸子拜阁百诗先生祠。祠在新城,为先生故寓。今鞠为茂草,烟水寂寥。然先生之风,固足为其地光也。(顾云臣《题路山夫〈拜诗图〉》)②

夏,《韩诗遗说续考》四卷山阳顾氏刻本刊行。

---

① 顾云臣著:《抱拙斋集》,台北佩文书社,1961年,第90页。
② 顾云臣著:《抱拙斋集》,台北佩文书社,1961年,第114页。

10 月 14 日，持白公父子携酒与徐宾华、段笏林、路山夫、邱于蕃等人，往祭阎征君祠。路山夫倡议"仿京师祭顾祠式，制二长卷一题咏一书名"，以供人凭吊祭祀阎若璩。①

按：阎若璩（1636—1704），字百诗，号潜丘，山西太原人，侨居淮安。山阳县学生员，太原补廪膳生。研究经、史，尤精通地理。著有《尚书古文疏证》《四书释地》《潜丘札记》等，参与修撰《大清一统志》。

阎若璩逝世后，淮安人对他十分崇敬与怀念，在新城文昌宫内为他建了"阎先生祠"，供人凭吊祭祀。光绪初，段朝端、徐嘉等人因为"阎先生祠"地点过于偏僻，倡议改在城内奎文书院并附祀已故淮安地方文人李铠、张弨、顾諟、杨开沅、任瑗、吴玉搢。建成后，由路伾题额，名为"阎征君暨六先生祠"。

光绪二十年，甲午，公元 1894 年， 23 岁

在苏州学古堂学习。林颐山任苏州学古堂提调兼学长。②

肄业江阴南菁学院、苏州学古堂。选闻黄元同、以周。林晋霞、颐山。柯凤笙绍忞。诸先生绪论，国学益邃。（《顾竹侯先生讣告·行述》）。③

按：林颐山（1849—1906），字晋霞，一作景霞。浙江慈溪人。

---

① 《清代诗文集汇编》编纂委员会编：《清代诗文集汇编》，上海古籍出版社，2010 年，第 552 页。

② 顾廷龙主编：《清代硃卷集成（205）》，台北成文出版社，1992 年，第 254 页。

③ 刘家平、苏晓君编：《中华历史人物别传集》第 82 册，线装书局，2003 年，第 283 页。

清光绪十八年进士，选江苏即用知县。为黄以周的弟子，随黄至江阴，入江苏学政幕，与其师主持南菁书院讲席，主讲古学，后去苏州主持学古堂。晚年聘为礼学馆纂修。著有《经述》《河间献王学行志》《战国策职官考》《许慎传补遗》等。

赋《甲午感事》七律四首，忧国运之不昌，叹国势之不强。

天高风急气凄清，北斗杓前望玉京。花石玲珑余艮岳，楼船岑寂冷昆明。塞鸿万里征人泪，辽鹤千年故国情。月夜严城闻鼓角，惊心不是汉家营。（顾震福《甲午感事（之一）》）

《崔豹古今注校正》三卷刊行。

持白公作诗勉子：《勉学示震儿》《再示震儿》。

学山不至山，学海终至海。孟晋期不休，矩矱古人在。童牙慎自力，无贻炳烛悔。

雕虫非壮夫，章句儒亦陋。所贵博群书，折中得归宿。曷为一家言，昧昧徒墨守。（顾云臣《勉学示震儿》）

徐嘉主讲盐城表海书院。段朝端以"试用训导"署仪征教谕。①

孙人和生。

黄昏灯晕绣帘垂，影迷离，费神思，踯躅不言，相对两眉低。佩玉呼庚都有意，逗灵犀，终教照见玮琦。　老来乐趣静无为，但搜奇，寻好辞。有时自赏，得心处物我双遗。人海藏身，身世总相宜，况是迷辞能晓惑。见《雕龙·谐隐》篇。问谁知，三年与说鸟飞。（孙人和《跬园谜刊三种·题词·江城梅花引　依梦窗格》）

---

① 徐雁平著：《清代东南书院与学术及文学（下卷）》，安徽教育出版社，2007年，第757页。

按：孙人和（1894—1966），字蜀丞，江苏盐城人。文献学家、词学家，名弟子有叶嘉莹等，稀园诗社成员。北京大学毕业。历任中国大学国文系教授，北平师范大学、北京大学国文系讲师，民国大学、辅仁大学、河北大学、暨南大学教授。著有《论衡举正》四卷、《抱朴子校补》一卷、《校定花外集》一卷。1952 年 6 月被聘任为中央文史研究馆馆员。

这两年，山阳顾氏刻本出版竹侯所著《函雅故斋丛书》共计16 种：

《小学钩沉续编》八卷

《齐诗遗说续考》一卷

《鲁诗遗说续考》一卷

《韩诗遗说续考》四卷

《毛诗别字》六卷

《周易连语重言释》二卷

《学庸古义会笺》一卷

《隶经杂著甲乙编》各二卷

《籀经琐记》二卷

《敦夙好庐文集》四卷

《札疏》二卷

《考声切韵纂辑》五卷

《崔豹古今注校正》三卷

《方言校补》十三卷及《佚文》一卷

《释名校补》八卷及《佚文》一卷

《孟子刘注辑述》七卷

光绪二十一年，乙未，公元1895年，24岁

考中秀才。

自选谜集《谜鷗初编》（不分卷）刊行。

襄刊《谜鷗初编》，光绪乙未年出版，约选拙作二百则。寄售都市。其后坊刻谜选，采录多条，或不注谁作，或另列他人名氏。（顾震福《跬园谜稿·凡例》）

按：据辽、吉、黑图书馆2003年主编的《东北地区古籍线装书联合目录·二》第2034页，及《中国古籍总目·子部·3》载，此书现藏辽宁图书馆。

长女翊徽（伯彤）生。

持白公与邑人呼吁修筑泮池、考棚等府学建筑，知府顺应民意拨款兴建，公作《淮安郡庠对壁耳沟改制记》。[①]

二十一年，知府张球拨款修筑外泮池、南宫墙。邑人顾云臣有记。（《续纂山阳县志·学校》）[②]

10月，裴荫森逝世。乡故人徐嘉、段朝端"论定丧仪，一从潘氏德舆所著丧礼正俗"；持白公"知公最早，同官楚南，公亦知云（臣）深"，撰《光禄寺卿裴公墓志铭》。

晋公风节旧昂藏，廉察官声动沅湘。闽海归来尤感愤，杜门终老午桥庄。阜宁裴丈樾岑性耿介，宦湘闽多建树，世变乞归。（顾震福《感逝诗》）

按：裴荫森（1823—1895），字樾岑，出生于江苏阜宁，自光

---

① 顾云臣著：《抱拙斋集》，台北佩文书社，1961年，第17页。

② 段朝端等纂，刘怀玉、徐爱明、解军点校：《续纂山阳县志》，黑龙江人民出版社，2023年，第1582页。

绪十年后，定居淮安。进士出身，分任工部主事。光绪九年，升任福建按察使，历任福建船政大臣、光禄寺卿等职。光绪十六年，告病假归淮养疴，寓河下白酒巷宅内。著有《船政奏议汇编》《裴光禄集》《他山剩简》。

光绪二十二年，丙申，公元1896年， 25岁

就读于江阴南菁书院。①

……南学得菁华，品评久真确。横舍复造士，英俊自欢跃。我本樗散材，竟备筐中药。负笈谒礼堂，道艺期商榷。唐碑攻九经，课题《唐开成石经赋》。汉志搜七略。学海乍优游，望洋惊向若。（顾震福《肄业江阴南菁书院》）

按：胡适《文学与历史》书中有一篇关于江阴南菁书院的史料，记载了赵椿年离开南菁书院后相识的一些南菁校友，其中有胡适也认识的"山阳顾竹侯震福：（光绪）二十二年（在校）"。胡适还加了按语："顾君为友人顾翊群之父。"

南菁之课生，其后有名者，如华世芳、唐文治、谢钟英、孙同康（后改名雄）、胡玉缙……顾震福等。（萧一山《学校制度》）②

从乡贤丁显校勘经籍，作《丁丈西圃（显）湛深经术尤邃音韵归田后著书自娱属震校勘赋此敬呈》七律两首，中有"只惭定本教雠校，亥豕仍余未订讹"句。

冬，勺湖经塾增设勺湖算塾，由邑人黄兆麟（瑞符）主持，经

---

① 赵统著：《南菁书院志》，上海书店，2015年，第572页。高时良、黄仁贤编：《洋务运动时期教育》，上海教育出版社，2007年，第842页。
② 萧一山编：《清代通史4》，华东师范大学出版社，2006年，第60页。

课、算课并行。

光绪二十三年，丁酉，公元1897年， 26岁

经考试，被淮安府选为拔贡。

江苏学宪龙宗师考试，淮安府属选取文理优长者列入拔萃科。府学：周寿遐、徐钟恂，山阳学：顾震福……清河学：田步蟾……（《淮安选拔名单》）①

竹侯丁酉科江南乡试中举，何福谦、王镕之亦在榜。②

多少词场绣虎雄，苔岑结契妙曾同。谜稿有《妙契同岑集》。天涯旧雨都零落，剩有春灯梦里红。

早负亭林著作才，沧桑阅后有余哀。樽前且当谈天宝，依旧心花一卷开。（何福谦《跬园谜刊三种·题词》）

按：何福谦（1864—1953），字子吉，一字益三。光绪辛巳补博士弟子，丁酉科举人，候选知县。罗振玉《何宜人家传》称："何氏为江淮甲族，门阀鼎盛。"罗振玉姐嫁何福谦，何的女儿嫁罗振玉的长子罗福成。

3月，苏雪林生。

同门皖南苏梅，为绘《雪窗射覆图》，先生题句云："萧骚风雪响林梢，来趁冬烘也自嘲。难得座中皆道韫，当窗肯向问推敲。冰雪聪明兰蕙姿，几经白战斗新诗。分曹别有消寒法，点定居然一字师。"（冯沅君《跬园谜稿·跋》）

---

① 《益闻录》，1897年总第1682期，第268页。
② 《丁酉科江南乡试官板题名全录》，《申报》，1897年10月19日第2版。

按：苏雪林（1897—1999），原名苏小梅，入北京女子高等师范，将"小"字省去，改为苏梅，字雪林。先后在沪江大学、国立安徽大学、武汉大学任教。后到台湾师范大学、成功大学任教。她笔耕不辍，被喻为"文坛常青树"。

江南乡试后游金陵。初识方焕经。

识竹侯则于江南文闱，时予年二十四矣。然知之独早……为予道竹侯谜语数则。曾记一"栋"字射《西厢记》"倩疏林，你与我挂住斜晖"，神品也。此为予知竹侯之始。（方焕经《凡民谜存·方序》）

屡泛青溪棹，愁心此乍舒。江山雄白下，才隽盛黄初。微酒接离倒，先鞭款段躯。连镳期努力，骎骎未应疏。（顾震福《丁酉秋集金陵酒肆步田自芸同年（其田）韵》）

金陵饯别同科举人白作霖，作诗《龙园饯别赠通州白振民（作霖）》。

与王伯陶、何子吉搭船赴江阴，作诗《王伯陶何子吉两同年同赴江阴舟中有作》，尾句"归途更登北固楼，无限江山看不足。明岁还需济沧海，早检琴书共舻舳"。心雄万丈，气概豪迈。

11月17日，徐嘉在《西厢丈生日齿会叠韵纪事》诗中云："有客谈谐廋鹤啄，几家科第起蝉联。"并详注："持白谈廋词举东方朔事。持白子竹侯、何子卿子子吉皆登今年贤书宴请诸老。"①

冬，"七十之年行将已至"，持白公"录成原本"《抱拙斋诗存》，并成"自序"，由"山阳顾震福"编刻面世。

---

① 《清代诗文集汇编》编纂委员会编：《清代诗文集汇编》，上海古籍出版社，2010年，第570页。

按：《抱拙斋诗存》后附在八卷《抱拙斋文集》之后，总冠《抱拙斋集》之名1914年出版。

光绪二十四年，戊戌，公元1898年， 27岁

谜家居福乾署山阳县学训导。

训导：居福乾，宝应人，举人，二十四年署。（《续纂山阳县志·职官》）①

按：居福乾，字健卿，著有《冷庐隐语》，此书被收入《七家隐语》，为盱眙紫藤花馆《隅园隐语》的附刻本。七家为：上虞罗焕藻《兰菊丛书馆隐语》、宝应居福乾《冷庐隐语》、居福济《古欢斋谜稿》、居福升《容膝庐谜稿》、上虞罗树祯《惜花馆谜稿》、罗树榕《纫兰斋谜稿》、宝应毛起鸾《诂经轩隐语》。

训导，学官名。《清史稿·职官志三》："儒学：府教授、训导，州学正、训导，县教谕、训导，俱各一人。"

清廷诏设京师大学堂，《京师大学堂章程》：普通学设立经学、理学两门功课，"《四书》用集注本，《五经》用钦定义疏本"。在"庚子事变"中，大学堂停办，两年后恢复重开。②

闰三月十六日，在京会试期间，与众举人一道在《圣像被毁，圣教可忧，乞饬驻使责问德廷严办，以保圣教而安人心公呈》上签名，参与第二次"公车上书"。③

---

① 段朝端等纂，刘怀玉、徐爱明、解军点校：《续纂山阳县志》，黑龙江人民出版社，2023年，第1551页。
② 陈学恂主编：《中国近代教育史教学参考资料》（上册），人民教育出版社，1986年，第430页。
③ 孔祥吉著：《戊戌维新运动新探》，湖南人民出版社，1988年，第337页。

先君竹侯公，通小学……翌年戊戌在北京偕爱国诸君子公车上书后返淮，创办学校。（顾翊群《李商隐评论·自序》）①

按：康有为、梁启超为首的维新派，继第一次公车上书之后，于百日维新前夕再次联合应试举人上书请愿。1898 年 4 月 22 日，参加会试的孔孟后裔孔广䜣、孟昭武等 17 人联合山东举人 103 人上书都察院。于是，福建、湖北、安徽、广西、江苏、广东等十余省举人联名上书，前后上书签名者约 2000 人次，超过了 1895 年公车上书规模。

戊戌会试，闱艺为主司所激赏，拟定中式，以苏省额满见遗，知者惜之。（《顾竹侯先生讣告·行述》）②

翌年入都朝考，三吴同年咸称其精研经术，即诗文亦过绝人。其时年未过三十，已名动公卿，余心仪久之。顾试竣忽遽出都，未之见也。（张昭芹《重刊〈跬园诗钞〉·序》）③

作诗《都门记所见》《出都》《燕歌行赠留京友人》。

青苗罢新法，尧舜出宫中。两观刚除莠，三年已放桐。投流名士祸，亡命党人雄。家国从多故，匡时负圣衷。（顾震福《戊戌纪事》）

谜家王锡元重宴泮林，作《重宴泮林述怀》诗。

60 年前，王锡元年方十五，就在县试中夺冠，成为盱眙年龄最小的秀才，从而进入县黉学"敬一书院"。60 年后，与王锡元同游泮水的同学，健在的还有五河的郜荻洲（廉访），年九十，定远的

---

① 顾翊群著：《李商隐评论》，台北中华诗苑，1958 年，第 15 页。
② 刘家平、苏晓君编：《中华历史人物别传集》第 82 册，线装书局，2003 年，第 283 页。
③ 顾震福著：《跬园诗钞》，台北佩文书社，1960 年，第 1 页。

方鸿胪（芰塘），年八十。

据《淮郡历科题名碑》载，王锡元后以安徽籍"寓居山阳"，与持白公一起为同治甲子科（同治三年）举人、乙丑科（同治四年）进士。[①] 故持白公作有和诗，述及其事略，有"乱离落魄淮阴市"：咸丰九年太平军攻占盱眙后王锡元"寓居"山阳；"廿年桃汛行无事"：1868—1890 年，官任南河、淮安府里河同知，并有注曰："云（臣）与君乡会同榜，入学则后君九年。"

上庠从古养国老，皓首来游良亦好。几人两度此焉游，白面王郎今寿考……（顾云臣《和王兰生（锡元）〈重宴泮林述怀〉》）[②]

光绪二十五年，己亥，公元 1899 年， 28 岁

钱南扬生。

灵心妙手费推详，咳唾珠玑入锦囊。肯与苏黄斗才思，未妨游戏老词场。

分曹射覆各呈能，今古盱衡感不胜。愧乏史才编谜史，予曾著《谜史》付梓。一般兴味付春灯。（钱南扬《跬园谜刊三种·题词》）

按：钱南扬（1899—1987），名绍箕，又名肇基，字南扬，以字行，浙江平湖（今浙江嘉兴）人。著名民俗学家、曲学家、南戏研究奠基人、谜学家。1959 年起，任南京大学中文系教授。

吴莲洲生。

按：吴莲洲（1899—1937），一作莲舟，名不详，以号行，江

---

① 江苏档案精品选编纂委员会编：《江苏省明清以来档案精品选·淮安卷》，江苏人民出版社，2013 年，第 35 页。

② 顾云臣著：《抱拙斋集》，台北佩文书社，1961 年，第 19 页。

苏吴县（今江苏苏州）人，祖籍江苏武进。师从名医吴宗焘（字菊舫），为《申报》馆常年兼职义务医生。曾加入过星社；喜艺菊，时称专家；嗜好灯谜，吴氏医寓在上海三马路 372 号，位于《申报》馆西隔壁，《文虎专刊》即在此创办。

12 月 24 日，父顾云臣逝世，享年 71 岁。卒前一日口授自挽联曰："不作传人，又何必虚生斯世；遽违老母，只此是抱恨终天。"竹侯回忆：临终时，"犹属勿移内寝惊先大母，盖孝思纯笃，虽弥留之夕，而神明不衰，闻者多为之感泣"。① 墓葬东门外黄土桥。②

不幸于己亥冬属疾遽逝……次年庚子即有联军入京之变……（段朝端《翰林顾先生传》）③

因父丧，暂停谜社活动。

己亥冬，先大夫弃养，予既罢社。（顾震福《商旧社友谜存·韦袖东东川合传》）

竹侯的老师、南菁书院院长黄以周逝世。

累世穷经定海黄，礼书通故最精详。菁华十载传南学，会共张田张逸、田琼，见《郑志》。侍郑堂。定海黄元同夫子江阴南菁书院院长。（顾震福《感逝诗》）

按：黄以周（1828—1899），字元同，号儆季，晚号哉生，浙江定海（今浙江舟山）人。清同治九年举人。初任浙江分水训导。光绪间主讲江苏南菁书院，长达 15 年。晚年选处州教授，以特荐授内阁中书。著有《礼书通故》百卷、《礼说》《礼易通诂》等。

---

① 顾云臣著：《抱拙斋集》，台北佩文书社，1961 年，第 4 页。
② 段朝端等纂，刘怀玉、徐爱明、解军点校：《续纂山阳县志》，黑龙江人民出版社，2023 年，第 1708 页。
③ 顾云臣著：《抱拙斋集》，台北佩文书社，1961 年，第 2 页。

女儿翊徽聪颖可喜，为长辈掌上明珠。

汝四龄，吾憩书斋，汝来问字。先大人过门外，闻声呼汝命诵所习，竟卷无讹，喜告先曾祖母，啖以梨枣。六岁，同事陈师兼人书，过目成诵。夜入味灯轩，户外风声、犬吠声、击柝声相和，数十年如一日也。（顾翊辰《祭长妹伯彤文》）①

光绪二十六年，庚子，公元1900年，29岁

子翊群出生。

按：顾翊群（1900—1992），字季高。北京大学预科毕业，美国纽约大学硕士。娶李瀚章曾孙女李家蓉（1899—1977）为妻。1924年返国后，历任广东省财政部部长、行政院参事。抗战后在重庆主持中国农民银行，并兼财政部次长、四行联合总处秘书长。1946年任国际货币基金组织中国首任执行干事，旋任财务处负责人。著有《李商隐评论》《危机时代的中西文化》《危机时代国际货币金融论衡》《中西社会经济论衡》《管艇书室学术论丛》等。

冯沅君生。

先生曩授北京女高师校，春宵游艺，出文虎教射。沅以才拙，罕中的，惟于射雕射覆，空上一字候射，曰"射雕"，空下一字候射，曰"射覆"。与旧传射覆不同。时有弋获。（冯沅君《跬园谜稿·跋》）。

按：冯沅君（1900—1974），原名冯恭兰，后改冯淑兰，字德馥，河南唐河人。冯友兰妹。中国现代文学史家、戏曲史家、作家。1917年考入北京女子高等师范学校文科专修班。曾任山东大学

① 顾翊徽、杨毓瓒：《熙春阁遗稿》，中华艺苑（台北），1966年，第38页。

副校长。

竹侯在《跬园谜稿》中收入了一些"射雕覆"作品。如：

○善○恶（植物，射雕覆）慈姑　慈善，姑恶。

狐○狸○（动物，射雕覆）斑猫　狐斑，狸猫。

谢云声生。

按：谢云声（1900—1967），字龙文，号灵箫阁主人，福建厦门人，闽台民俗学先驱、谜家、诗人。考入广州中山大学研究院，师从顾颉刚、黄朝琴教授研究民俗学。编著有《福建故事》《闽南民间歌谣》《台湾情歌》《灵箫阁谜话初集》《厦门指南》等书。旅居南洋期间，以"春泥"为笔名发表大量诗文。病逝后，其子女将其遗作结集为《南洋谜语》《来燕楼诗话》《海外集》《怀归集》出版。

闰八月七日，徐嘉约淮安老一辈谜人在远香草堂雅集，并"和紫来赠诗韵"记之，中有"谁知射覆分曹乐"等句。参加者有徐嘉、鲍紫来、黄蕙伯、魏祥士、段笏林、邱于蕃、裴芷青、王砚孙等。①

祖母范氏逝世，"享寿九十有三"。范氏原本大家闺秀，知书达礼，为把子云臣抚养成人，将其寄养于范家，随舅范光璧授读。故持白公孝母闻名于乡里。

君惟母是依，一日不见母，即皇皇如有所失。戊辰入都，遂奉母以北，散馆授编修……母夫人已庆九秩，君依依孺慕如十岁儿。（段朝端《翰林顾先生传》）②

---

① 《清代诗文集汇编》编纂委员会编：《清代诗文集汇编》，上海古籍出版社，2010年，第587页。

② 顾云臣著：《抱拙斋集》，台北佩文书社，1961年，第2页。

秋，86岁的刘仪吉（云鸿）去世，勺湖经塾、算塾改课经义。不久，公款停拨，两塾停办。竹侯撰有《刘仪吉传》。

藏山行谊最方严，讲席传经汉宋兼。闭户清修通道气，飞虹阁上记幽潜。刘丈云鸿邃经术，先严曾延主勺湖经塾，晚入凌云道院修养。（顾震福《感逝诗》）

作《庚子感事》七律四首。

王先谦《虚受堂文集》出版，中有《顾竹侯所著书序》。

山阳顾持白同年寄示其郎君竹侯文学所著书，搜辑宏博，裁择精审，致功于经训字说，可谓勤矣……竹侯为余督学时所拔士，今果覃精，故训力求至于古人，持白可谓有子承。（王先谦《顾竹侯所著书序》）①

按：王先谦（1842—1917），字益吾，湖南长沙人。教育家、史学家、经学家、训诂学家、实业家。因宅名葵园，学人称为葵园先生。同治四年（1865）中进士，授翰林院庶吉士。同治九年（1870）后，多次担任地方乡试正副考官、会试同考官。光绪十一年至十四年，外放授江苏学政，任满后请假回籍，专心讲学。他对竹侯颇为器重，自著《诗三家义集疏》时多引《小学钩沉续编》之说。

丁显等邑人申请在丁何二公祠内附祀丁晏之子丁寿恒、何锦之子何其杰，"均禀县有案"。②

---

① 王先谦著：《王先谦诗文集》，岳麓书社，2008年。第108页。
② 段朝端等纂，刘怀玉、徐爱明、解军点校：《续纂山阳县志》，黑龙江人民出版社，2023年，第1519页。

光绪二十七年，辛丑，公元1901年， 30岁

7月25日，《辛丑条约》签订。

秋，竹侯购勺湖草堂地，重修勺湖草堂，作《重修勺湖草堂有感》长诗，和咏者众。周钧撰《竹侯先生以重修勺湖草堂长歌属和，率成五言二章，聊以寄慨即乞郢政》，秦遇赓撰《勺湖草堂歌兼送元徵入蜀》，邵祖寿撰《竹侯重葺勺湖草堂落成赋此》。

辛丑秋，堂后某姓水田一区，堂左彭姓隙地一方出售，顾震福购得之，更葺草舍，编竹篱，补植芰荷，竹木焕然一新。（毛乃庸《勺湖志》卷八）①

勺湖湖水明如镜，照见兴衰更几姓。湖上仍存屋数椽，竹篱茅舍尘埃净……我昔趋庭习诗礼，也傍新阴附桃李。寸草徒希爱日长，报恩未有涓埃比……（顾震福《重修勺湖草堂有感》）②

……君今说修缮，微意良可知。承先兴怀旧，两事靡不宜。弦诵重经术，庶几习俗移……（段朝端《竹侯重葺勺湖草堂落成赋此》）③

丁显卒。

群经异字辨同音，丁度家传韵学深。差幸比邻曾侍从，谐声犹得向探寻。丁丈西圃精韵学，著《群经异字同声考》。（顾震福《感逝诗》）

按：丁显（1819—1901），字西圃，号韵渔。咸丰己未举人。光绪三年始任睢宁县学训导，"在睢十七年，以老罢归"。纂《睢

---

① 淮安市淮安区历史文化研究会、地方志办公室编：《〈文渠志〉〈勺湖志〉〈万柳池志〉〈漂母祠志〉点校》，黑龙江人民出版社，2020年，第261页。
② 同上。
③ 同上。

043

宁县志稿》十八卷。《续纂山阳县志》载："生平精于音韵之学，著书满家，八十外犹辟集韵书塾，以训后进。"著有《丁氏声鉴》传于世。他是最先主张"复淮"故道的代表人物，著《淮扬水利图说·请复淮水故道全案》《黄河北徙应复淮水故道有利无害论》等。

光绪二十八年，壬寅，公元1902年，31岁

春，创办私立勺湖蒙塾。毛乃庸在《勺湖志·书院》中记载："是年，震福建勺湖蒙塾，聚徒五十人，肄业新旧科学。其课程在中学、高等小学之间。以湖滨地僻，侨置府署东观音寺后院。"

勺湖草堂的"阮亭"改曰"阮顾二公祠"，并祀阮学浩、顾云臣二公，祠额由路伾书。"每岁春仲，祠裔柬请绅耆致祭。"祠中有持白公弟子蒋黼联语："衡岳培才轺传，后先敷化雨；蒙泉育德生徒，瞻拜仰清风。"并有跋云："勺湖旧祀阮公，先师弃养后，葺而新之，为讲学之所。今哲嗣竹侯仰承先志，又扩为养蒙学校。壬寅春，及门诸子奉先师栗主与阮公并祀。"

私立勺湖蒙塾。在府东观音寺，由勺湖移此。光绪二十八年邑人顾震福创办。(《续纂山阳县志·学校》)①

朝议变法，府君蒿目时艰，归集乡人，创淮学会图书馆，讨论欧美经世之学。首先捐办勺湖两级小学，开通风气，实为淮郡兴学

---

① 淮安市地方志编纂委员会编：《淮安市志》，江苏人民出版社，1998年，第570页。

之始。（《顾竹侯先生讣告·行述》）①

10 月，路佤卒。

数椽茅屋苇间西，晋帖唐碑互品题。莫问琴樽旧欧舫，垂杨濯濯草萋萋。盩厔路丈山夫辞官寓淮，筑苇西草堂欧舫，聚金石图书，时招朋旧觞咏。（顾震福《感逝诗》）

按：路佤（1839—1902），字山夫，书法家。祖籍陕西周至（今陕西西安），1847 年随父居清江浦。当过建德县知县，罢官后于淮安城北筑苇西草堂。曾为光绪壬辰《小学钩沉续编》八卷"署刊"。竹侯后路过苇西草堂故址，作《过路园有感》，云："当时座上客，落落晨星孤。弹指十余载，今昔何悬殊。"

11 月 23 日，竹侯灯谜的直接引路人、前妻的堂兄弟韦宗海（袖东）病逝，"年五十有三"。

壬寅冬，韦太君病，君昕夕侍奉，至劳瘵；及殁，又哀毁甚。十一月二十三日，竟不起。距母丧甫五日也，里人称其孝。（顾震福《商旧社友谜存·韦袖东东川合传》）

嗣内兄韦氏昆仲袖东、东川，暨浙人许君台升、武君隽叔，亦各出新制，互相角逐，分曹射覆。予必参观，一经庐中过从尤密。（顾震福《商旧社友谜存·顾序》）

一经庐里各呈能，射覆曹空感不胜。谐隐遗篇留两卷，梦余春影闪残灯。内兄韦袖东、东川昆仲，能文工隐语，予曾辑其遗稿付刊。（顾震福《感逝诗》）

闻两宫回銮，作《喜闻车驾自陕回銮》七律。

---

① 刘家平、苏晓君编：《中华历史人物别传集》第 82 册，线装书局，2003 年，第 283 页。

该年，补行庚子、辛丑并科，乡试及各县院试废除了八股，考试策论，43 岁的薛宜兴中举。后报礼部，终未荐用。遂以授徒为生。

> 光绪庚子、辛丑并科，初舍制艺，用策论取士。少卿中式，岁余四十矣。试礼部，报罢。遂终老皋比焉。（方燕年《凡民谜存·薛宜兴传》）①

光绪二十九年，癸卯，公元 1903 年， 32 岁

6 月，徐嘉被选任为昆山教谕。9 月赴任，年已古稀。

冬，唐景崧于桂林病逝。

按：唐景崧（1842—1903），字维卿，号南注生，广西灌阳人。同治四年（1865）进士，选庶吉士，授吏部主事。光绪十七年（1891）迁台湾布政使。二十年，署理台湾巡抚。他是台湾谜学的奠基者，著作有《谜拾》《谜学》《请缨日记》《寄闲云馆诗存》《看棋亭杂剧》《诗畸》等。

田毓璠（山阳）、田步蟾（清河会魁）、王鸿翔（丹徒寄居山阳）成为淮安癸卯科三位进士。②

盐城建湖的经学家、诗人陈玉树（惕庵）来淮拜访竹侯，作为南菁书院校友，竹侯作《盐邑陈惕庵（玉树）过访有赠》，诗尾云："方今尚异端，经史谁疏证？幸有后乐堂（惕庵书斋名），抱道能坚定。潜丘风未遥，期君作后劲。"

---

① 高伯瑜等编：《中华谜书集成（三）》，人民日报出版社，1997 年，第 2860 页。

② 江苏档案精品选编纂委员会编：《江苏省明清以来档案精品选·淮安卷》，江苏人民出版社，2013 年，第 35 页。

光绪三十年，甲辰，公元 1904 年， 33 岁

翊徽"幼而颖悟，喜文辞"，9 岁开始学写诗，时与其兄相唱和，"有精警者宿儒多异焉"。

余家味蔬堂者，二梧树荫之。月上东轩，俯映梧影。余辄与弟妹坐其下，任出一字，举古人诗相角逐。妹所得恒多，吾父母未尝不笑且乐也。（顾翊辰《熙春阁遗稿·序》）①

9 月，竹侯的灯谜老师何绮逝世。

稍长，何庚香绮。年丈自华亭教谕返里，张灯于五云堂，得读所著《蜡阶闲事》，于廋辞一道始渐知途径。（顾震福《商旧社友谜存·顾序》）

是编为吾乡先辈何年丈庚香作，丈原名庆芬，后改名绮，同治举人，选华亭教谕……丈不恒返淮，返则必张灯招射。初以诗、古文、词、隐语等汇为一册，名《蜡阶闲事》……年七十外卒于家。（《顾竹侯灯窗漫录稿本·蜡阶廋辞》）

按：何绮（1833—1904），原名庆芬，字庚香，与顾云臣、王锡元同为同治甲子科举人。壮岁"研田为活"，同治、光绪年间任华亭教谕，偕当地文士姚福奎等组建"隐社"，作品编成《日河新灯录》；辑《淮郡文渠志》。

9 月，徐嘉赴苏州江苏师范学堂（今苏州大学前身）任监院（即院长），兼国文、国史教习。

---

① 顾翊徽、杨毓瓒：《熙春阁遗稿》，中华艺苑（台北），1966 年，第 18 页。

同学、谜友徐钟恂中进士，成为淮安最后三个进士之一。①

甲辰成进士，用翰林院庶吉士……至与予南北同社，作益工，社友皆敛手推服。曾为予题《淮山隐社图》，诗云："杖策归来左太冲，埃尘不动故园风。春兰秋菊清华气，收入东山一社中。不嫌长揖竟升堂，煎饼居然趁热铛。绝妙好辞都识破，曹娥碑不尽荒唐。四伏疑兵孰解围？哄堂一笑夺标归。品题隐寓《春秋》意，始信人间有是非。"（顾震福《商旧社友谜存·徐绍泉传》）

私立勺湖蒙塾学生毕业，因"款绌"停办。

光绪三十一年，乙巳，公元 1905 年， 34 岁

赴苏州江苏师范学堂拜访任监院的徐嘉，作《参观师范学校呈徐丈宾华并柬叔韫子吉》诗。

夏，原江苏学政龙湛霖病逝于长沙，年六十八。

三载江淮拔茹茅，龙门高敞任腾蛟。九歌听到声凄楚，多少孤寒泪雨抛。攸县龙芝生夫子，督学江苏甄拔多知名士。（顾震福《感逝诗》）

按：龙湛霖（1837—1905），字芝生，湖南攸县人。清同治元年（1862）进士，选翰林院庶吉士。历任江西学政、内阁学士、江苏学政、刑部右侍郎。在苏期间，主张教育改革，在南菁书院中引进了西洋的物理、化学课程，并购置了一些仪器、机器。

9 月，持白公诗友邱崧生卒。

---

① 江苏档案精品选编纂委员会编：《江苏省明清以来档案精品选·淮安卷》，江苏人民出版社，2013 年，第 35 页。

抛却琴书事宦游，萧斋零落宋残瓷。莺花丽句曾传诵，家集何时为续收。邱于蕃藏宋砖及古书画，刊邱氏家集，宦游作古，藏本散失。（顾震福《感逝诗》）

按：邱崧生（1858—1905），又名宪，字于蕃，号喑庵，收藏家。光绪七年进山阳县学为秀才。邱氏本淮安大族，《笔生花》作者邱心如为其家族名人。罗振玉曾在邱崧生家做塾师，后罗振玉在上海办东文学社请邱任校长。

10月，俞樾为徐嘉《味静斋集》作序。《味静斋集》系"淮安徐氏用聚珍仿宋版印于上海中华书局，壬申春仲印成"。

君所著《味静斋诗文稿》各四大册见示，余读其文，质直而有味，清疏而有物，纪载时事敷陈义理，无不曲尽。又读其诗，声情之激越，意思之缠绵，非近时作者所能及。殆皆师法亭林先生者欤。（俞樾《味静斋诗文序》）

按：徐钟恒在丙子仲冬为刊印其父《味静斋杂诗》所写的跋中说："尝观当世故家世族，其子若孙于其先世著作不独不能梓行，甚且袭存而不可得，往往鬻诸书贾小贩作为覆瓿之用者。亡友顾子竹侯每言及此，辄相与咨嗟不已。其题先大人遗墨中有句云'人事卅年沧海桑，几姓楹书半散亡'者，盖有指也。"[1]

11月，加入江苏省教育会。竹侯任该会"评议员"一直至民国元年。[2]

山阳县中长街漕督旧署建官立江北陆军学堂，学生200名，第

---

[1] 《清代诗文集汇编》编纂委员会编：《清代诗文集汇编》，上海古籍出版社，2010年，第695页。

[2] 江苏省教育会编：《江苏省教育会年鉴》，1916年第1期。

一年授普通军事学，并实行野外操演作战计划。①

光绪三十二年，丙午，公元1906年， 35岁

7月，任江北陆军学堂国文史地教员。

江北提督刘公永庆设陆军学堂于淮安，慕府君名，聘充国文史地教员。府君鉴于外侮日深，提倡军国民教育，以诏诸生。闻者感奋，成材甚众。吾邑士夫，渐知向学。胥府君开其先也。（《顾竹侯先生讣告·行述》）②

任江苏学务总会淮安县教育会会长（总理），副会长（协理）为于述祖、王聿望。③

妻兄、谜人孙多鑫逝世。

寿州有灯谜会，孙君荔轩、少侯皆嗜之，为予道竹侯谜语数则。（方焕经《凡民谜存·方序》）④

按：孙多鑫（1865—1906），字荔轩，安徽寿州（今安徽寿县）人，光绪年举人。门庭显赫，其伯祖父即咸丰状元孙家鼐。年轻时即在江苏、上海一带经商，曾赴美国考察面粉工业，并购置机器，回国后在上海创办了中国人办的第一家面粉厂——阜丰面粉

---

① 段朝端等纂，刘怀玉、徐爱明、解军点校：《续纂山阳县志》，黑龙江人民出版社，2023年，第1584页。

② 刘家平、苏晓君编：《中华历史人物别传集》第82册，线装书局，2003年，第283页。

③ 刘正伟著：《督抚与士绅：江苏教育近代化研究》，河北教育出版社，2001年，第319页。

④ 高伯瑜等编：《中华谜书集成（三）》，人民日报出版社，1997年，第2857页。

厂，不久就以质优价廉成为上海乃至亚洲最大的面粉厂。1904年北上投入袁世凯幕府，后任直隶官银号总办、天津造币厂督办。未见其有谜作存世，恐仅是年轻时在家乡爱好灯谜，后行走四方，谜心遂泯。

8月，亦师亦友的建湖陈玉树逝世。

经术真堪继百诗，十年过从友兼师。先忧后乐儒生事，底问文章不入时。盐城陈惕庵著《毛诗异文笺》《尔雅释例》《后乐堂诗文集》，多刺时语。（顾震福《感逝诗》）

按：陈玉树（1853—1906），字惕庵，后更名玉澍，江苏盐城人，陈中凡叔叔，南菁书院毕业，光绪举人。晚清著名的文学家、学者、教育家。李详认为他是盐城历史上最著名的人物之一："余往谓盐城得县以来，自臧子源（臧洪）、陆君实（陆秀夫）后，文章行义，未有如君者。"（《大挑教谕拣选知县陈君墓志铭》）①

秋，徐嘉在苏州江苏师范学堂因崇扬旧学儒教，受到新学思潮冲击，请辞。再到昆山。此时科举已停，书院多改学堂，徐嘉仍主持昆山教育。

今日者沧海横流，强邻伺隙，不讲新学，则势不行，兼讲旧学，则力不足。非读经史不为功，徒读经史亦不为功。（徐嘉《致顾持白》）②

张玉森选编《百二十家谜语》，中有何绮的《御湘谜语》。

是年，韩振轩生。

---

① 缪荃孙编，王兴康整理：《续碑传集》卷75，上海人民出版社，2019年，第358页。
② 江苏省政协文史资料委员会：《江苏文史资料》第84辑。

光绪三十三年，丁未，公元1907年， 36岁

2月5日，俞樾卒。竹侯在南菁书院的老师黄元同曾问学于俞樾，故其《俞楼》诗中有"我是再传门弟子"句。

按：俞樾（1821—1907），字荫甫，自号曲园居士，浙江德清人。清末著名学者、文学家、谜家、经学家、书法家。现代诗人俞平伯的曾祖父，章太炎、吴昌硕、日本井上陈政皆出其门下。清道光三十年（1850）进士，曾任翰林院编修。所著凡五百余卷，称《春在堂全书》。晚年所印的《隐书》收其谜作一百则，对后世制谜技艺有较大影响。但《文虎大观》托名俞曲园编，系伪书。

竹侯在"集锦谜"《为北平射虎社续征社友启》中，有一句"俞曲园之《隐书》声驰浙右"，射曲牌"越溪春"。

代表淮安教育会致函江苏教育总会，反映中小学堂问题。

昨接来书，述贵郡有府教育会出现多系中小学堂学生种种违背部章，郡守已公言不敢承认……（《复淮安教育会顾震福等论府会情形书》）①

12月，应淮安商会号之请，赴沪与苏路公司洽谈认股事宜。②

官立江北陆军学堂学生毕业。为毕业生诗集《淮阴铙吹集》题词并作序，记曰："江北陆军学校萃吴楚之英才，集江淮之俊彦，投戈暇晷不废高吟，舞剑中宵时发清唱。伤今吊古，感逝怀人，于兹三年哀然成帙，既届毕业，出以示予……"

……独弹古调抱孤琴，流水高山孰赏音。射斗文光前夜梦，冲

---

① 《江苏教育总会文牍二编》，上海宏文馆，1907年，第66页。
② 《申报》，1907年12月25日，第3版。

霄剑气少年心。燕然待泐铭功记，梁父初成写意吟。我愧河汾叨讲席，公门桃李本成阴。（顾震福《〈淮阴铙吹集〉题词并序》）

光绪三十四年，戊申，公元1908年， 37岁

1月，沈宗畸（太侔）发起成立著涒吟社，并创刊《国学萃编》。沈宗畸为总编选，总理为吴仲（梦兰），张瑜（郁庭）任襄理并值课"铁柱轩诗钟题"，夏仁虎作序。古阶平《谜话·蒔花簃选本》开始连载。在《本社简章阅者注意》中云："谜语书家意者，方能照登；江湖意者，恕不登录。"① 深得薛凤昌、谢会心等人推崇，薛氏在《邃汉斋谜话》中赞道："此语直得谜中三昧矣。"②

1月，赴上海汇报淮安"苏路"认股情况，募集资金办学校。

淮安经招于述祖函：绅商界得四千股，府中校得一千四百股。嘱顾君竹侯由沪面报外，嗣续集山阳教育会、山阳高等小学堂、敬恭学堂又共得七百股。（苏路接各处认股函电）③

5月，拜见因病回淮的徐嘉。徐嘉猝患风疾，语蹇手僵，不能动笔。

苏湖常作客，差幸返田园。病久神犹旺，年高道益尊。离樽期重把，卧榻惜无言。味静足康复，诗篇好共论。丈书室署"味静斋"。（顾震福《徐丈宾华以风疾归里趋谒感赋》）

在勺湖蒙塾旧址上，与王恩绎等创办公立青云高初两等小学

---

① 《国学萃编》，1908年第1期，第9页。
② 薛凤昌编纂：《邃汉斋谜话》，商务印书馆，1917年，第7页。
③ 《申报》，1908年1月4日，第4版。

堂。"旋由震福募集沪上商款，规模益廓，延桃源张相文总教事"。①

在观音寺原勺湖蒙塾旧址。光绪三十四年，邑人顾震福、王恩绎等在城内太平庵办小学，分两级教授。（《续纂山阳县志·学校》）②

复襄办私立丰财、公立青云两级小学，县立师范讲习所及省立府中学校。（《顾竹侯先生讣告·行述》）③

该年，青云高初两等小学堂又由邑人周珩、于述祖改办为师范传习所，定期一年毕业。竹侯参与捐款。

岁费需洋一千二百元，除蒙学总汇旧有洋六百元，由知县沈鸿仪捐洋四百元，邑人顾震福捐洋三百元，沈履清捐洋一百二十元。（《师范传习所》）④

府君以嗜学故不乐仕进，亦不暇治生产，而戚族之贫乏，乡里之灾荒，教育慈善之义举，悉有资助。里人尊为乡老，深致敬礼。（《顾竹侯先生讣告·行述》）⑤

段朝端"又见淮多画家，复网络群籍，成《三洲画史》二

---

① 淮安市淮安区历史文化研究会、地方志办公室编：《〈文渠志〉〈勺湖志〉〈万柳池志〉〈漂母祠志〉点校》，黑龙江人民出版社，2020 年，第 261 页。

② 淮安市地方志编纂委员会编：《淮安市志》，江苏人民出版社，1998 年，第570 页。

③ 刘家平、苏晓君编：《中华历史人物别传集》第 82 册，线装书局，2003 年，第 283 页。

④ 段朝端等纂，刘怀玉、徐爱明、解军点校：《续纂山阳县志》，黑龙江人民出版社，2023 年，第 1587 页。

⑤ 刘家平、苏晓君编：《中华历史人物别传集》第 82 册，线装书局，2003 年，第 284 页。

卷"。竹侯为之作序。①

9月，与诸名流共同署名《淮安绅商学界对于苏路北线之意见书》，刊登于《申报》。对于苏北铁路，建议"清镇、清徐必须两面同日并筑，始无遗利；则镇徐之当为江北正干无疑"。②

9月，为南菁同学缪啸仙重修《（光绪）东兴缪氏宗谱》作序。

啸仙游定海黄元同先生门，得三礼之传，余与同门，习知其学有根柢，不肯苟同流俗，以求媚于世者。（顾震福《江阴东兴缪氏光绪三十四年重修宗谱序》）③

宣统元年，己酉，公元1909年， 38岁

端午，上海灯谜社团萍社创立。

萍社文虎，倡设于己酉重五，迄今五易寒暑。（东雷《萍社第五周纪念会廋词汇录》）④

5月，获选淮安府咨议局候补议员。⑤

5月24日，上海《申报》第12版刊《咨议局调查选举事务所杂咏八首》。

雁行鱼贯快观光，领取琅函纸一张。殷美邮筒聊寄托，祢衡名刺暂怀藏。逢人说项声华重，是处推袁姓氏香。来作曹邱凭介绍，

---

① 淮安县政协文史资料研究委员会：《淮安文史资料》第8辑，1990年，第54页。

② 《申报》，1908年9月17日，第26版。

③ 缪幸龙主编：《江阴东兴缪氏家集（下）》，上海古籍出版社，2014年，第1982页。

④ 《大同报》（上海），1913年第19卷第20期，第41页。

⑤ 《申报》，1909年5月31日，第18版。

敢将曳白比张郎。(顾竹侯《咨议局调查选举事务所杂咏八首·投票纸》)

7月4日,清廷允准学部奏请的"变通经科考选办法",通电各省:"经科大学学生尚未足额,现经奏明由各省就从前科举时举人、拔贡、优贡三项中,遴选经学根柢素深、确无嗜好者,送京由本部复加考试,入经科肄业。"①

7月,清政府创建北京女子师范学堂。

8月,上海《国粹学报》第5卷第9期开始连载竹侯的弟子汪黎庆的《小学丛残》。至第5卷第13期共连载5期。首期有刘岳云、刘师培序各一,对顾、汪师生小学之书作了介绍和比较。宝应进士刘岳云序云:"山阳自丁俭卿先生后,顾氏乔梓最为通博,又得子旭,山阳学者益不孤矣。"②

近山阳顾君竹侯亦援任氏辑书之例成《小学钩沉续编》……近于旅中晤清河汪君子旭,出所辑《小学丛残》相示,所辑诸字书又均顾书所未及。子旭世承家学,先是竹侯尊人持白先生以经学教授乡里,子旭尊人叔度先生从之肄业;而子旭亦从竹侯请业,日以古学相切磋,故不为俗学所汩,其所撰述尚有《杖制考》《玉篇引经异文》诸编。(刘师培《小学丛残·叙》)③

朴学近今难,陈编肯共看。礼经补通考,雅训辑丛残。生曾著《杖制考》,辑《小学丛残》。徐孺榻曾下,刘伶盍惯干。养疴如起废,好为报平安。(顾震福《忆汪生子旭淮安》)

① 北京大学校史研究室编:《北京大学史料:第一卷 1898—1911》,北京大学出版社,1993年,第359页。
② 《国粹学报》,1909年第5卷第9期,第64页。
③ 《广益丛报》,1910年第222期,第1页。

按：汪黎庆（1866—1936），字子勋、子旭。汪家原住清河县城十里长街，在其父时代即迁居淮安。先世经商，父亲汪观身（字叔度）曾受业于持白公主持的丽正书院；汪黎庆又曾就学于竹侯，父子两代师生，乡里传为佳话。著有《小学丛残》《杖制考》《玉篇引经异文》等，均未及付梓，现仅《小学丛残》有油印本。

秋，丁晏、何锦修葺城墙，利用淮城万柳池三仙楼西北留云道院的空地，兴建正厅五间为五云堂，以资工余作小憩之所。两人逝后，乡人以此谓丁、何二公祠，合祀丁、何二公。后成为商旧谜社雅集之地。

堂前为矾石冰文大月台，对照为长廊五间。东建小楼面向外，临河干为迟月楼，开窗眺望，水天一碧，钓艇往来，有杨柳菰蒲菡萏之胜。西建三楹为停云馆……诗文角艺，朋友招邀，可以纵谈焉。（丁晏《留云道院新建五云堂记》）[1]

11 月 12 日，江北提督王士珍奏请奖励竹侯等江北陆军速成学堂师生。

同知衔拣选知县顾震福拟请俟得缺后以直隶用。（《署理江北提督王士珍奏江北陆军速成学堂堂任各员请奖折》）[2]

再游金陵，与宗受于、孙绍筠、侯莘生诸同年宴集赠诗。曾是清江浦谜社成员的梁公约宴请竹侯，有诗记之。

疏影楼上醉清醪，宾主东南聚我曹。久客齐梁才自隽，饱看山水曲弥高。莼鲈稻蟹三秋味，白裕乌巾一世豪。庾信中年渐萧瑟，愿拼痛饮读《离骚》。（顾震福《梁公约招饮酒肆即席口占柬毛元

---

① 淮安市淮安区历史文化研究会、地方志办公室编：《〈文渠志〉〈勺湖志〉〈万柳池志〉〈漂母祠志〉点校》，黑龙江人民出版社，2020 年，第 470 页。
② 《申报》，1910 年 1 月 10 日，第 26 版。

征吴温叟曹明甫诸君》）

按：梁公约（1864—1926），名荄，又名英，字公约，以字行，室名端虚堂，江苏江都（今江苏扬州）人。工诗善画，以画芍药出名，人称"梁芍药"。著有《端虚堂诗集》。据《袁江庾词摘记》载，梁公约系清同治、光绪年间清江浦谜社的成员之一。扬州谜家李保华在《诗画名家梁公约》中介绍，梁公约祖父梁少卿"以儒官司铎清河"，梁公约"幼年与祖父生活在一起，家居清江总漕幕府近廿年"，与吴温叟为小时候同学。"1886 年，在他 22 岁时，为应童子试，从清江返故乡扬州"。

宣统二年，庚戌，公元 1910 年， 39 岁

1 月，学部会同京师大学堂最终议定，经科先设毛诗学、周礼学、春秋左传学三门，以《四书》为通习课，兼学《大学衍义》《大学衍义补》节本。

3 月 31 日，京师大学堂分科大学在马神庙举行开学典礼。至 4 月下旬，7 科学生 387 人陆续入学。复旦大学图书馆藏有胡玉缙执教经科大学周礼门的掌教记录《京师大学堂教事录》，内附《经科学生分别门类清单》两份，详录经科诸生籍贯、功名、年龄。其中顾震福名列经科左传门科举生（举人）名单。①

夏震武、宋育仁、江瀚、王仁俊、胡玉缙、杨模等见招为经科教员。《顺天时报》认为："因各学员经学程度多有曾任经学教习

---

① 王应宪《旧学新制：京师大学堂经科大学史事考》，《史林》，2018 年第 1 期。

者，或著述宏富者，故非得一全国所仰望、素有经学巨师泰斗名誉之人充任，不足以服众学员之心而培植经学专科之人才。"

（当时京师大学堂）于经科设《毛诗》《周礼》《左传》三门……（学生）皆举、贡出身……惟其教法之精严，故能人才辈出……如《左传》门知名者有山阳顾震福、武陵余嘉锡，亦皆富于著述行世云。（胡玉缙《京师大学堂教事录》）①

夏，与长子翊辰自京回淮。

7月，拟为母庆七十大寿，依母言将办寿款投入青云小学"公益"办学中。

庚戌届七旬，震福谋称觞祝，先妣艴然，曰："与糜浮费，盍济公益？邑校费绌，盍节筵自助之？"震福集若干金卷，入青云高等小学，承先妣命也。（顾震福《先妣窦太君事略》）②

吏部议覆"江北陆军速成学堂请奖折"。

同知衔拣选知县顾震福请俟得缺后以直隶州补用。查该员系举人，注拣选知县并未在部选一等，尚无知县实官，遽请得缺后以直隶州补用，实属虚拟预保，应照章改为以知县俟分发到省后试用。（《吏部谨将议覆江北陆军速成学堂请奖文职敬缮清单恭呈御览》）③

寓居扬州宝应的淮安隐语社成员、盱眙谜人王锡元逝世。罗焕藻在《隅园隐语》跋中云："先生乞休，亦卜宅于安宜之东城，筑万卷书楼并隅园，以资游览，喜联隐语会。曩年，与淮上诸君曾刊

---

① 王欣夫著：《蛾术轩箧存善本书录》之《甲辰稿》卷一，上海古籍出版社，2002年版，第1122页。

② 淮安市淮安区历史文化研究会、地方志办公室编：《〈文渠志〉〈勺湖志〉〈万柳池志〉〈漂母祠志〉点校》，黑龙江人民出版社，2020年，第250页。

③ 《申报》，1910年9月1日，第18版。

《隐语鲭腴》行世。"①

按：据居福济 1909 年 8 月《隅园隐语》序中"他日公（王锡元）续有所作，仍当兼搜今日之遗珠"句，推断王锡元其时还在世；罗焕藻 1910 年"中秋前十日"的跋云："刊未竣，先生已归道山"，推断王锡元的逝世时间应在：1909 年 8 月至 1910 年中秋节前 10 日。又据卷一署"盱眙王锡元兰生编纂（时年八十有七）"，王生于 1824 年。综合以上分析，王锡元应逝世于 1910 年。

宝应县古称安宜。

秋，王锡元的《隅园隐语》在其仙逝后，以"盱眙王氏紫藤花馆藏版"木刻出版。

按：《隅园隐语》六卷，是在王锡元自制的 15000 余则谜作中，由罗焕藻等人择选约 5000 则合编为前四卷，后面附上宝应居福乾、居福济、居福升、毛起鸾以及上虞罗焕藻、罗树桢、罗树榕等 7 人谜稿，合成六卷。是书封面印"宣统己酉（即宣统元年，1909 年）季冬刊"，实际根据跋云："刊未竣，先生已归道山……宣统二年岁在上章阉茂中秋前十日上虞后学罗焕藻阶平甫谨跋"，正式印行应在 1910 年中秋。

10 月，京师大学堂周礼门同学黄元冕的父亲黄养斋逝世。翰林院待诏大学士黄养斋，亦是持白公的"同年"，竹侯作《江西黄养斋年丈挽诗》。

11 月，长女翊徽嫁杨毓瓒。竹侯当时尚"客都门"②，夫妻送女往苏州成婚。

---

① 《隅园隐语》卷四，盱眙王氏紫藤花馆藏版，宣统己酉季冬刊。
② 顾翊徽、杨毓瓒：《熙春阁遗稿》，中华艺苑（台北），1966 年，第 26 页。

忆余于庚戌年底，时正十岁，随双亲至姑苏送姐氏成婚。礼假某姓巨厦为青庐，嘉耦好逑，璧玉交辉，一时称盛。（顾翊群《熙春阁遗稿·序言》）①

京师大学堂经科毛诗门同学宣澍甘因车祸卒于北京，徐道政为其治丧归葬，夏震武主持开会追悼并致辞，竹侯为其撰挽联："非时其来何求迹熄诗亡征君枉累齐辕固；无所归于谁殡室迩人远死友殊愧范巨卿。"②

按：宣澍甘（1858—1910），谱名懋甫，号时生，字雨人，惜阴堂主人，浙江诸暨人。清末著名学者、经学家、文学家、语言文字学家、书法家、教育家。肄业俞樾门下，1904 年甲辰科会试堂备，吏部铨选，授修职郎，任两淮盐大使（实习）。1909 年考入京师大学堂经科毛诗门，课试每冠其曹，为同学所重，著《说文声母歌括》一部。

宣统三年，辛亥，公元 1911 年， 40 岁

正月，毓瓒、翊徽归宁淮上，翊徽腹痛转为"百日痨"。竹侯在《适杨长女哀辞有序》中的记录，父女情深，令人动容："既知不起，索余小像注视良久，且泣谓乃姑乃母曰：'儿不肖，不能上侍，又重累焉，罪之甚矣。犬马之报，期来生耳！'婿问有无遗嘱，泫然曰：'敬事堂上，善自卫，勿以为念。命尽旦夕得相见，千金

---

① 顾翊徽、杨毓瓒：《熙春阁遗稿》，中华艺苑（台北），1966 年，第 3 页。
② 惜阴草堂博客文：《高祖宣澍甘雨人年谱》，http://blog.sina.com.cn/s/blog_ 979b0600010129qi. html

一刻，景光殊可爱也。'闻者无长幼皆泣下。"①

4月17日，翊徽病百药罔效而卒，年仅十七。端午节，竹侯在京才得噩耗。

家家插艾醉菖蒲，愁里才惊物候殊。朝露人生悲骨肉，繁霜形状抚头颅。客中空倚邯郸枕，掌上谁还合浦珠。强欲从君观竞渡，不堪歌哭泪俱枯。（顾震福《端午得徽女噩耗柬陈兼人》）

7月初，返淮，距爱女死"五旬矣，既哭之恸，又恐其久而无闻也。爰序其事略，且为词以抒予哀"，痛作《适杨长女哀辞有序》。

吾女翊徽之殁，视金瓠益可哀矣，是乌能已于言？女字伯彤，幼而颖异，授经史、地志、女诫诸书，过目即贯彻。先大夫爱之甚，笑谓曰："他日学成，必吾家不栉进士也。"（跬园老人《适杨长女哀辞有序》）②

辛亥秋，武昌事起，时局动荡，京师大学堂人心涣散，师生多离校回籍。竹侯亦离京回淮。

11月，周实、阮式在淮安积极从事光复运动。竹侯被山阳士绅公推为代表参与议事。

清河乱兵溃，参议蒋雁行被举为江北都督，檄房令使反正，并邀山阳绅士赴署议事。当即举定烈士与顾震福、丁迺嘉、潘际炎、于述祖等五人肩舆以去。是时山阳令姚荣泽、典史周域邻、参将杨建廷反对甚力，然以巡逻部戒备严密，未敢噪动。（周人菊《周烈士就义始末》）③

---

① 顾翊徽、杨毓瓒：《熙春阁遗稿》，中华艺苑（台北），1966年，第30页。
② 高拜石著：《新编古春风楼琐记（7）》，作家出版社，2004年，第305页。
③ 卞孝萱、唐文权：《辛亥人物碑传集》，团结出版社，1991年，第179页。

11 月 16 日，即淮安光复后第三天，"顾绅震福又面周，拟举为民政副长，以备将来代姚"，而周实却"力辞"。①

11 月 17 日，清山阳县令后为"民政长"的姚荣泽戕杀周实、阮式，酿成轰动一时的"民国第一大案"。竹侯等数位士绅被指涉案。

11 月，为赤十字社捐洋两元。②

作《辛亥暮秋闻变》七律一首，尾联云："归装徙倚南天望，焰焰长星向北垂。"

冬，关赓麟（颖人）"集宾客为诗钟之戏"。

主人（关赓麟）嗜文艺、广交游。辛亥之冬，始集宾客为诗钟之戏，借地京汉同人会，二年未始制名。易实甫来，乃设社，呼以寒山。樊樊山继至，群仰为领袖，海内胜流，如水赴壑，著籍至四五百人，集必三四筵为常。（关赓麟《稊园吟集甲稿编终杂述》）③

蒋黼卒。

清才未许老林泉，京洛风尘损壮年。可惜钱刀富珍拓，不随《唐韵》共流传。吴县蒋伯斧宦京得《唐韵》残本已梓行，惟旧藏泉币拓本竟未付印。（顾震福《感逝诗》）

按：蒋黼（1866—1911），一名戭，字觐宸，更字伯斧。江苏吴县（今江苏苏州）人，占籍淮安。清末学者，敦煌学家。淮安丽正书院学生，与罗振玉交往 20 余年，所至追随，与罗在上海创务农会，办《农学报》。辑有《沙洲文录》《敦煌石室遗书》。

---

① 周实著，朱德慈校理：《无尽庵遗集（外一种）》，陕西人民出版社，2009年，第 320 页。
② 《赤十字社第七次收捐广告》，《申报》，1911 年 11 月 28 日，第 7 版。
③ 关赓麟编：《稊园吟集甲稿》，1955 年线装油印本。

民国元年，壬子，公元 1912 年， 41 岁

5 月，京师大学堂更名为北京大学，经科并入文科。总监督严复成为北京大学历史上第一位校长。北京女子师范学堂更名为北京女子师范学校。

在上海加入萍社，与沪上谜友"分曹射覆"。

壬子侨沪，入萍社。（顾震福《跬园谜刊三种·自序》）

顾君竹侯虎坛中之健将也。民元侨沪，曾与海上诸寓公分曹射覆。（吴莲洲《跬园谜刊三种·吴序》）

寒山诗钟社成立。社址为假宣武门外江西会馆，后移至关赓麟位于南池子南湾子官豆腐房的梯园宅邸内，遂更名梯园诗社，关赓麟任社长。

樊樊山、易实甫、罗瘿公诸先生创"寒山诗钟社"，地址假宣武门外江西会馆。一时胜朝遗老，避地寓公，竞病尖叉争奇角胜，同社诸子不下百数十人，予亦社员之一。（《顾竹侯灯窗漫录稿本·北平射虎社》）

寒山社者，起于京师，成于诸子，而余之入社为稍后焉。社之始也，岁在壬子。（易顺鼎《寒山社诗钟选甲集·序》）①

5 月，姚荣泽杀周、阮一案审结，竹侯被认"同谋"须罚款。

案查姚荣泽惨杀周、阮一案，前由司法科组织临时特别法庭，经承审官公开判决宣告死刑。嗣奉大总统恩命特赦，免其死刑。除该犯自愿缴款一万元作为周、阮抚恤及建祠、迁葬之费，并照章减

---

① 白福臻编辑：《寒山社诗钟选甲乙集》，香港联谜社，2001 年，第 4 页。

等处罪，由上海地方检察厅执行监禁外，所有经姚犯指供同谋惨杀之顾震福、秦少文等七人……须罚洋二万充作义赈。(《守提惨杀志士之帮凶》)①

过40岁剪去发辫感赋：涉姚案"一发系兴亡"，终"烦恼芟除尽"。

脱却儒冠两鬓霜，那堪一发系兴亡。泥途曳尾空藏拙，傀儡牵丝此下场。百劫头颅原土芥，卅年身世几沧桑。从今烦恼芟除尽，好共禅和礼楚王。(顾震福《断发》)

该年，"劫余回里"，在淮安创设"商旧社"，成员有十二三人。

壬子侨沪，入"萍社"；返里，设"商旧社"。(顾震福《跬园谜刊三种·自序》)

语偶破的，弥增兴趣，于是予亦有虎社之设。袖东且愿联合，声势益张。人事牵率，劳燕东西，斯事遂废者数年。劫余回里，温寻旧梦，东川、絜甫叔任、徐绍泉同年、李瘦岑、戚玉丰、叶嚣亭、季凤书、亢兴北、俞赞侯、萧渭侯辈，皆贾余勇，坠欢重拾，哀乐交萦。会予客幽燕，复介入平社，邮筒互答，千里一堂，旧学商量，不殊曩昔。(顾震福《商旧社友谜存·顾序》)

朱紫阳诗云："旧学商量加邃密"，谓凡治旧学者宜商榷也。谜亦旧学绪余，俗呼猜谜打谜，实则旧称商谜。盖谜底深曲，是何寓意，非煞费商量不可得也……灯谜曰商，其来已久。此顾竹侯先生淮山隐社，所以一名曰"商旧"也。(俞锡爵《商旧社友谜存·俞序》)

---

① 《申报》，1912年5月19日，第7版。

按：综合上列几条资料分析，"予亦有虎社之设"所云的虎社，可能是竹侯创办的淮山隐社。淮山：淮安山阳略称。亦具沿袭淮安隐语社之义。竹侯有《淮山隐社图》，社友徐钟恂曾题诗一首。金元善的《跬园谜刊三种·题词》首句即"招隐淮山旧主盟"。"遂废者数年"后，方有商旧社。

但也有可能如俞锡爵所云，商旧社又称淮山隐社。而前期的"虎社"，就是实际名称，或另有其名。

商旧社友中，似乎还有秦遇赓。

国步既改……君乃退而谈艺以自遣，时与予过从，会诸君子结社，商量旧业。君与予曾迭主之。（秦遇赓《跬园诗钞·序》）

9月18日，长孙以伟出生。

回淮维修书屋"管艇"。其父过世十三载，睹物思人，作《返里后修葺管艇》诗，有"不堪寻手泽，凄绝十三秋"句。

按：因"巷幽深似管，屋矮小于舟"，墙外即笔管巷，故名书斋"管艇"。1973年，顾翊群在台北所写的《管艇书室学术论丛》序言，开篇即云："管艇书室者，余故乡淮安旧宅中先君子治学之书斋也……管艇书室三间形狭而长，亦称船厅，则在竹林之北，与味蔬堂有曲槛回廊相通连。先君子于清季民初时恒与诗人谜友等觞咏其中。"顾翊群亦把他的书斋命名为"管艇"，出版《管艇书室人文论著译述汇刊》《管艇书室学术论丛》《管艇书室诗抄——美京集》。

缴 6000 元助赈灾区，以销所涉姚荣泽案。[①]

孔子诞日（10月7日），陈焕章组织的孔教会在上海成立。年

---

① 《申报》，1912 年 6 月 22 日，第 7 版。

底，顾秋岚、顾竹侯受总会委托，与邱介清创立孔教会淮安支会，入会者近百人，"暂假山阳城内锅铁巷三官殿为事务所"。①

徐钟恂被任命为江北高等监察厅厅长，"未几缺裁，丁母忧"。②

冬，薛凤昌撰成《邃汉斋谜话》。

三子翊文逝于沪。

民国二年，癸丑，公元1913年， 42岁

2月，孔教会的机关刊物、陈焕章任主编的《孔教会杂志》在上海出版，孔教会的影响随杂志的发行也日益扩大。竹侯侨居上海，帮助编辑孔教会会刊。

顾君竹侯侨居上海，将尽力于总会之编辑事务。未能在桑梓办事，若顾君秋岚者，固责无旁贷矣。淮安人才济济，孔教之大行，其将在意计中乎。（《本会纪事·支会·淮安支会》）③

至编辑部之事……又有沈修、狄郁、顾震福、黎养正、姚明辉、顾薰、梁士贤、曾学传、李时品诸君竭力支持，而海内耆硕，复时以高文宏著饷之，故本会杂志光焰万丈，为中外人士所欢迎。（《孔教会纪事·总会》）④

3月，《孔教会杂志》1913年第1卷第2号发表竹侯《论孔教与老氏》。第3号发表《释六艺》。第4号发表15页长文《论孔子

① 《本会纪事·支会·淮安支会》，《孔教会杂志》，1913年第1卷第1号。
② 高伯瑜等编：《中华谜书集成（三）》，人民日报出版社，1997年，第2924页。
③ 《孔教会杂志》，1913年第1卷第1号。
④ 《孔教会杂志》，1913年第1卷第12号。

配天为教主之征》。第 5 号发表"讲演"《说孔教祈祷之真意》。

按：《宏善汇报》1937 年第 2 卷第 9 期转载《说孔教祈祷之真意》。

4 月，上海《小说月报》第 4 卷第 1 号作为"补白"，始载薛凤昌《邃汉斋谜话》，至 1915 年第 6 卷第 5 号连载完毕。

《孔教会杂志》第 1 卷第 6 号发表竹侯《说党》一文。第 10 号再发《谒圣宜复再拜礼议》。

5 月 11 日下午，美国长老会传教士李佳白创办的尚贤堂在上海召开第 56 次教务联合会，"特请孔教会会员山阳顾竹侯君演说《孔教祈祷之真意》。本埠男女各界到者甚众。顾君学识优长，援引精确，一时听者皆甚惬意"。[1] 其后，《尚贤堂纪事》第 4 卷第 5 期刊发《论孔教祈祷之真意》（顾竹侯君演说词·原稿）。

6 月，杨毓瓒为顾翊徽《熙春阁遗稿》撰跋："《熙春阁稿》，亡室顾氏所著也。盖凤守女箴，幼承家学……"[2]

9 月 5 日，母逝世。竹侯撰有《先妣窦太君事略》。

先妣窦太君，讳静芬，字倚筠……以世变避乱海上，怆怀今昔，精力渐衰。癸丑季秋，乱定旋里，方冀优游颐养，遂以下痢亡于九月五日。距生于道光辛丑年七月初三日，享年七十有三。生女一，适边氏。次即震福，次贤福殇……素嗜书史，耽吟咏。（顾震福《先妣窦太君事略》）[3]

蓬湖宛在水中央，槐柳参差引夕凉。竹任风喧尘不扰，荷因有

---

① 《纪五十六次教务联合会事》，《尚贤堂纪事》，1913 年第 4 卷第 5 期，第 14 页。

② 顾翊徽、杨毓瓒：《熙春阁遗稿》，中华艺苑（台北），1966 年，第 22 页。

③ 淮安市淮安区历史文化研究会、地方志办公室编：《〈文渠志〉〈勺湖志〉〈万柳池志〉〈漂母祠志〉点校》，黑龙江人民出版社，2020 年，第 250 页。

粉雨俱香。大悲阁上人吹笛，太上宫中客举觞。闻倚阑干待新月，两三星火出渔庄。（窦静芬《勺湖晚眺》）①

9月5日，徐嘉卒。

吾乡先辈徐丈宾华（嘉）、段丈笏林（朝端）招集同好设隐社……卷首骈体文之序言，末署东溪渔隐，即徐丈宾华，丈于同治庚午举于乡，选昆山教谕，著《顾亭林诗集笺注》《味静斋诗存》，家住城东梁波桥北，溪水清涟，故别号东溪渔隐。（《顾竹侯灯窗漫录稿本·隐语鲭腴》）

东溪静处著闲身，潘鲁流风未绝伦。留得亭林好诗注，昆山学博亦传人。徐丈宾华官昆山教谕，著《亭林诗集笺注》《味静斋诗文集》。（顾震福《感逝诗》）

按：徐嘉（1834—1913），字宾华，一字遁庵，江苏淮安人，晚清学者、诗人、谜家。21岁时，以淮安府试第一入学。在淮教书27年，为家乡培养了许多诗人、谜人，如王鸿翔、徐钟恂、王锡祺、秦遇赓等。著有《顾诗笺注》《味静斋诗文集》《遁庵丛笔》《杂诗》《拾沉录》《夜存录》等。

9月24—30日，第一届全国孔教大会在曲阜召开。大会议决"将上海暂设之总会迁入北京"。②

11月4日，北京大学（原京师大学堂分科大学）在马神庙举行毕业典礼。原经科大学毕业35人，计毛诗门甲等13人，左传门甲等14人，周礼门甲等6人。顾震福不在北京大学文科经学门毕业生名单中，可能是辛亥秋离校后就未回。对于北京大学首届毕业

---

① 淮安市淮安区历史文化研究会、地方志办公室编：《〈文渠志〉〈勺湖志〉〈万柳池志〉〈漂母祠志〉点校》，黑龙江人民出版社，2020年，第394页。

② 《孔教会纪事·总会》，《经世报》第1卷第1号。

生，教育部除授学士学位外，并咨由国务院分发京外各机关，免去学习，即以荐任各官，分别任用。

按：华东师范大学历史系副教授王应宪分析认为："三年后完成学业者不到半数，大约有几方面因素影响：首先，经科开学后有学生并未入校报到。其次，辛亥期间学生离校，复课时并未返校卒业，原分科大学近 400 人，复课到校者仅百余。最后，民元后，经科并入文科，有经科学生转入其他学门肄业，若陈汉章……入文学门。"①

宣统初监督北京文科大学，君适在经科肄业，始订交。嗣同客都门，坛坫敦槃，月必数见。（孙雄《跬园诗钞·序》）

按：孙雄（1866—1935），原名同康，字师郑。江苏昭文（今江苏常熟）人。光绪二十年进士，官学部主事、大学堂监督、内阁中书等职。曾协助翁同龢办理笔札，与翁同龢同乡、师、友三者兼而有之。工诗文，精考据。主要作品有《师郑堂集》《眉韵楼诗话》《旧京文存》。据 1993 年北京大学出版社出版的《北京大学史料第一卷》"教职员名单"，孙雄 1909 年 1 月到 1912 年 4 月间，任北京大学文科监督，并在 1910 年 10 月担任京师大学堂总监。

本年，寒山诗钟社盛极一时。

社之盛也，岁在癸丑……诗钟诚小技，然虽无功，亦尚无过；虽非为善，亦非为恶也。同人之数殆将倍四十贤，所聚之贤不止两五百里。（易顺鼎《寒山社诗钟选甲集·序》）②

王锡祺卒。

---

① 王应宪《旧学新制：京师大学堂经科大学史事考》，《史林》，2018 年第 1 期。

② 白福臻编辑：《寒山社诗钟选甲乙集》，香港联谜社，2001 年，第 4 页。

王谢门庭梦一场，寻常百姓占华堂。江湖落魄何须悔，留得丛残翰墨香。淮阴王丈寿萱能文好客，刊《小方壶斋丛书》，中落后旧宅易姓，客死江南。（顾震福《感逝诗》）

按：王锡祺（1855—1913），字寿萱，江苏淮阴（今淮安市清江浦区）人，是清光绪年间著名的编辑出版家。喜诗书，尤长地理之学。以21年之心力，辑刊清人地理著述1400余种，汇编为《小方壶斋舆地丛钞》，又续编《山阳诗征》，出版《小方壶斋丛书》。

次女翊纯嫁沈京似，该年卒。三年连逝三个亲人，长子翊辰悲叹曰："而逝者已三人矣，悲夫……余与仲弟多在外不恒归，归亦不复言诗文，惧增堂上戚也！"①

民国三年，甲寅，公元1914年，43岁

2月，孔教会举行祭孔典礼（丁祭），由陈焕章主祭。礼毕，复由竹侯讲学，最后为投壶游戏。②

2月19日，卞白眉在日记中记载竹侯夫妇将"不日北来"："闻谈丹崖已来京……得母亲谕，闻顾竹侯及其夫人不日北来。"③

按：卞白眉（1884—1968），名寿荪，字白眉，中年以后以字行。江苏仪征人，世居扬州。16岁娶李瀚章孙女李国锦，与竹侯有多重姻亲关系：竹侯妻子的舅舅李经畲是卞白眉的岳父；卞白眉是顾翊群妻子李家蓉的姑父。故《卞白眉日记》中多次记录与竹侯父子的交往。卞白眉是美国布朗大学的首个华籍毕业生，后经任中国

① 顾翊徽、杨毓璂：《熙春阁遗稿》，中华艺苑（台北），1966年，第18页。
② 《祭孔典礼之研究》，《时事新报》（上海），1916年3月19日，第9版。
③ 方兆麟：《卞白眉日记（卷一）》，天津古籍出版社，2008年，第11页。

银行总裁的孙多森介绍，参加大清银行之善后和筹建中国银行，任中国银行董事，自此步入金融界，成为一代金融巨子。

3月，《寒山社诗钟选甲集》由正蒙书局代印出版。竹侯加入寒山社的时间，应该在1914—1916年间。因为，竹侯名列在《寒山社诗钟选丙集》的"社员名录"中。而丙集例言注明，收录时间"起民国二年二月中，讫五年十一月初"；社员名单"专就此三年间，曾经到社者录入，仍以曾纳社费赞成社章者为限"。①

竹侯嘱人将段朝端诗作特别抄一副本，段在自编年谱中云："谋广其传，情厚可感。"

袁世凯安排孙多森任安徽督军兼民政长，孙带了文秘顾震福、机要秘书方焕经、庶务于从龙等轻装赴安庆就任。旋遭驻军军变拘留，后脱险离皖。②

秋，在跬园管艇先后招饮谜友：徐绍泉（钟恂）、季凤书（逢元）、秦襄虞（遇赓）、韦东川（宗泗）、王砚荪（鸿翔）等，以及诗友周蘅圃（钧）、詹守白（坦）、许鲁山（汝菜）、刘耀南（灼如）、邵叔武（鸿寿）、毛元征（乃庸）、何子久（福恒）、何子吉（福谦）等，诗酒唱和，不亦乐乎。作"以诗代柬"一首，酬和"十三叠"。其中有感怀"文社契友今俱下世"的诗句："君苗衰朽机云老，落落晨星社友疏。"

可园遹迹继吾庐，君寓河下镇，为程吾庐先生可园故址。肯负蓬池旧诏除。甲子编年彭泽集，山林招隐辋川书。提鹏挈鹭机都忘，抹月批风兴自舒。为爱寒梅频写照，横斜花影更清疏。（顾震福《再叠

① 白福臻编辑：《寒山社诗钟选丙集》，香港联谜社，2003年，第3页。
② 孙曜东口述：《十里洋场的民国旧事（插图本）》，安徽文艺出版社，2014年，第344页。

和砚荪》）

按：王鸿翔（1869—?），字砚荪、燕荪、惕生，号研荪，少从徐嘉读书，亦系持白公主讲丽正书院时的学生。祖籍丹徒，侨居淮安城外，光绪癸卯科进士，殿试二甲第48名，朝考二甲第20名，钦点翰林院庶吉士。

回首承明旧值庐，西清梦影未销除。依人老马羞同皁，惜己寒蝉懒上书。花下灌园新雨足，灯前入社晚虹舒。君别号花隐，又结彩虹社。定和味静诗篇续，觞咏风流继二疏。令伯宾丈著《味静斋诗集》。（顾震福《三叠致绍泉》）

萧湖烟水绕蓬庐，记醉流觞共袚除。几点星沉楼外笛，千金方有袖中书。君夙精歧黄术。浮云世态沧桑变，残月词心岸柳舒。君善倚声。莫话秋风摇落恨，江关庾信鬓毛疏。（顾震福《七叠和凤书》）

临诊鲜闲，灯社不恒到，闲应予招入城。所作多本医理，或以宋元词曲作谜面。今多已散失，仅存者不及什之一矣。君季姓，字凤书，名逢元，山阳人，世居河下镇，年五十余卒于乡。（顾震福《商旧社友谜存·季凤书传》）

千霄风节仰顽庐，君书斋名"顽庐"。剑胆琴心未肯除。东鲁两生存士气，南村十亩守农书。君有田在南乡，常往课农，遂又号曰南村。寒螀咽露供吟啸，野鹤翻云任展舒。被发佯狂人莫笑，时君尚未剪发。陆通久与世情疏。（顾震福《九叠和襄虞》）

绛帏世守一经庐，曾为王郎榻扫除。小苑春灯题凤字，君与袖东兄均善廋词昔曾同社。缑山秋社拜鸢书。予曾随往文通寺坛。劫余谈虎心犹悸，君追述颍州乱事，令人闻之色变。老去归鸦翼已舒。漫许谢贞甥似舅，沧浪学咏尚粗疏。辰儿初学诗颇承奖诱。（顾震福《十一叠和东川》）

没径蓬蒿仲蔚庐，窗前绿满未须除。英留丛菊装高枕，瓣夹枯荷曝旧书。觅句每从床上得，离颜渐向镜中舒。勺湖大好供游钓，悔却侨居计太疏。（顾震福《十三叠述怀再致同人》）

秋，作《光绪初顾云臣清故通奉大夫翰林院编修湖南学政先考持白府君行状》，被收录入《勺湖志·书院》。

至今乡人追思行谊，叹不可及，公奉府君栗主入祀勺湖书院，并徐节孝先生祠、义会公所中。（顾震福《光绪初顾云臣清故通奉大夫翰林院编修湖南学政先考持白府君行状》）①

孟冬，在原"录本"的基础上，"旁搜增辑复益什之三四"，"甲寅孟冬射阳顾氏刊"持白公遗著诗文十一卷《抱拙斋集》。清道人题签。卷首有段朝端撰《翰林顾先生传》，其中记录两家相邻、两人过从甚密："君已新卜宅，距敝庐一鸡飞地，相视莫逆，联吟赌酒彻日夜不休。所作辄就余商榷。"竹侯有跋。

按：1961年1月，顾翊群又委台北佩文书社将《抱拙斋集》影印出版。

冬，杨毓瓒将亡妻顾翊徽诗作辑集，手抄成《熙春阁遗稿》。

碧天如水夜云寒，满院砧声漏渐残。秋到淮南知木落，月明江上虑衣

《抱拙斋集》封面，清道人题签

---

① 淮安市淮安区历史文化研究会、地方志办公室编：《〈文渠志〉〈勺湖志〉〈万柳池志〉〈漂母祠志〉点校》，黑龙江人民出版社，2020年，第244页。

单。远游但祝加餐健，遇顺何忧行路难。惟望殷勤遣双鲤，莫教儿女忆长安。（顾翊徽《秋夜怀金陵家大人》）①

按：1966 年，顾翊群在美国将《熙春阁遗稿》手抄本，并附杨毓瓒的《忆素楼剩稿》，交台北"中华艺苑"影印出版。文本除原杨毓瓒手抄外，皆顾翊群妻李家蓉细楷书写后影印。内容包括杨、顾伉俪诗作，还有竹侯《适杨长女哀辞有序》、顾翊辰的《原序》《祭长妹伯彤文》、杨毓瓒的《题跋》、秦巽和段朝端的《原题辞》。新增了《序言》：顾翊群；题签：赵恒惕、高拜石；题辞：彭醇士、梁寒操、李叔渔、成惕轩、陈定山、张作梅；跋后：张作梅。

作《斋居漫兴和元征韵兼柬襄虞》五律四阕，中有"借书寻社友，学稼问村傭"句。

作《元征东川以勺湖夕眺诗先后见示次韵答之》。

民国四年，乙卯，公元 1915 年，44 岁

"社事久衰歇"。春，宴请商旧谜社同人。

五经俱扫地，掇拾属吾侪。灯影前朝梦，乡心倦客怀。蚩鸣齐谲谏，窠数汉诙谐。社事久衰歇，余春聚斗斋。（顾震福《商旧谜社赠徐绍泉兼柬社中诸同人》）

春，竹侯重修勺湖草堂，作《修复勺湖草堂志感》长诗。

辛亥乱后，屋宇渐圮。乙卯春，震福重修，葺之如旧第，台榭虽完，而诵弦尚阒，经过其地辄为之低徊不置也。（毛乃庸《勺湖

志·书院》)①

商旧谜社社友叶翯亭（尔龄）五十大寿，用昔人"蘧年五十已知非"句，作辘轳体律诗五首向竹侯索和。

（叶）尤善谐隐，得社讯皆先时往，目送手挥，矢无虚发，俄顷中十数鹄。闻同社谈某故典，谈者未得句，而君已贯革，固机警过人，亦经籍烂熟故也。曾设社于太平庵、海会庵。（顾震福《商旧社友谜存·叶翯亭传》）

昨贡俚言，白前。想尘清听。地耳。比维动静安吉，益智仁。诸务顺怀，百合。遥想高踪，远志。定符鄙愿。甘遂。执事太白文思，郁李。少陵诗律，杜若。每值韶光布景，丽春。望杏瞻蒲。红花、白菖。佳节登高，秋石。把荑簪菊，紫花地丁、黄花地丁。陶然尽醉，黄酒。率尔成章。藁本。况复灯社分曹，覆盆子。珊场中的，贯众。忝随骥尾，附子。无限欢颜。忘忧。自滞遐方，千里及。弥形孤陋，独活。旧游如昨，熟地。长忆故人。都念子。老境渐衰，白头翁。犹寻坠绪，续断。所望言旋故里，当归。重披商旧之陈编，破故纸。还期迅赐环章，旋覆。藉稔摄生之尊况。无患子。

弟　某启昆布

（顾震福《致山阳某社友书　饮片三十二　信石》）②

按：此"集锦谜"题目，《中华谜书集成（三）》中误作《致山阳某友书》。

3月，长子翊辰任印铸局主事，为其妹《熙春阁遗稿》撰序。

---

①　淮安市淮安区历史文化研究会、地方志办公室编：《〈文渠志〉〈勺湖志〉〈万柳池志〉〈漂母祠志〉点校》，黑龙江人民出版社，2020年，第261页。

②　高伯瑜等编：《中华谜书集成（三）》，人民日报出版社，1997年，第2851页。

长妹伯彤既亡之三年，妹倩瑟君手录遗稿十余纸，且跋骈言于后，以志悲思。(顾翊辰《熙春阁遗稿·序》)①

4月，73岁的段朝端应竹侯之邀为翊徽《熙春阁遗稿》题诗，中有"左家娇女记凭肩，零落昙花绝可怜"句。②

与段朝端诸故老"亦间过叙"，谈谜论诗。有《题卫朝英画梅册为段丈蔗叟作》诗，注云："卫为吾乡顺治武进士，此册为六十七岁时作……段丈每岁于此册自题一诗。"

王锡祺家道中落，《山阳诗征》《小方壶斋丛书》雕版被抵押在当铺，徐绍泉为抢救乡邦文献，力主赎回。

南清河王寿萱先生锡祺。刊《山阳诗征》正续编、《小方壶斋丛书》，载乡邦掌故。王氏中落，雕版如质库既逾期，典商将南载斥卖。乡人力争，久不决。君责以大义，卒保存铅椠，重印流传。(顾震福《商旧社友谜存·徐绍泉传》)

7月，持白公学生陈苑芬通过"第四届知事试验第一、二试"，考取知事，被"分发直隶"。③

岂独承三绝，专精复博通。字书任氏学，任大椿《小学钩沉》，先生曾辑续编。诗谜杜家风。

春社盛维扬，吾淮与颉颃。跬园辞更好，不让五云堂。乡先辈谜社，恒假城西五云堂。

渺渺山阳笛，萧萧易水歌。传灯成影事，历尽劫尘多。淮社韦、徐诸先生，平社薛君遗稿，皆为附刊。

轶事话家山，书瓶日往还。年来同客故都，每见必谈乡邦掌故。先生又

---

① 顾翊徽、杨毓璘：《熙春阁遗稿》，中华艺苑（台北），1966年，第16页。
② 顾翊徽、杨毓璘：《熙春阁遗稿》，中华艺苑（台北），1966年，第8页。
③ 《第四届考取知事分发名单》，《神州日报》，1915年7月15日，第7版。

恒以藏书假读。开编得谐趣，更足慰衰颜。

（陈苑芬《跬园谜刊三种·题词》）

按：陈苑芬，字芸阁，江苏淮安人。光绪戊寅补博士弟子，己丑科副榜，直隶法官。

8月21日，上海《申报》"自由谈"发表"寄尘秦粤生"《顾丈竹侯重修勺湖草堂席间出诗相示赋此答之》。9月21日，又刊《顾丈竹侯以重修勺湖草堂诗嘱和赋此答之》。

园亭依旧主人贤，胜地重游倍黯然。话到世间兴废事，无端沧海忽桑田。

巍然硕德鲁灵光，独有千秋一草堂。此是当年文会地，曾随桃李附门墙。

今日何事谈风月，诗酒流连剩泪痕。为爱结庐在人境，此间可隐即桃源。

浩浩烟波浸四围，凭栏惆怅对流晖。当前风景无殊异，蒿目山河亦已非。

（秦粤生《顾丈竹侯以重修勺湖草堂诗嘱和赋此答之》）

按：秦粤生（1882—?），字寄尘，为竹侯谜友秦遇赓的侄儿、秦保愚长子，是持白公丽正书院的学生，曾任民国二十年版《淮安县志》分校，著有《寄尘诗稿》。其祖父广西按察使秦焕是持白公老友，《抱拙斋文集》收有《广西按察使秦公神道碑》《致秦文伯书》。

12月，国民会议议员江苏省覆选区举行覆选，竹侯被选为候补当选人。

江苏省覆选监督效电内称，苏省于12月18—19日举行覆选，先后选出国民会议议员当选人郝儒琳等10人，候补当选人顾震福

等 10 人。(《办理国民会议事务局通告》)①

商旧社谜友韦宗泗卧病,竹侯赴京前与其依依话别。

嗣率从子絜甫联袂。入予社。巧思妙义,多前人所未发。未几卧病,予适将客燕,与话别依依不能去。洎平社踵起,君已赴汕头佐榷政。(顾震福《商旧社友谜存·韦袖东东川合传》)

缪艺风曾招吴温曳、李审言、白石山人、梁公约游江宁青溪,白石山人绘《青溪泛月图》赠吴温曳。数年后,此图劫后幸存,吴邀文友题诗,竹侯作《题吴温曳(涑)〈青溪泛月图〉》。

按:应邀题诗的,还有陈三立等人。李审言为此图所作的"后记":《题吴温曳(涑)〈青溪泛月图〉》,250 字,文约义丰,因事生情,情景相谐,被称为骈文中的华章,入编《续古文观止》。

民国五年,丙辰,公元 1916 年, 45 岁

两儿催赴京养老,作《将寓京师留别诸亲友》五律 4 首。

两男叨升斗,宣南已僦屋。书来勤劝养,俯仰便事畜。且为阿弟谋,太学书宜读。昆季倘远游,庭帏益茕独。何如同寓庐,天伦乐趣足。(顾震福《将寓京师留别诸亲友》之二)

卞白眉 1 月 14 日的日记记载:"午后往拜芷舟、竹侯,俱不值。"② 说明竹侯此时已来京。

丙辰后,予寓燕市,君适亦设帐津门。(顾震福《凡民谜存·顾序》)

---

① 《政府公报》,1915 年 12 月(三),第 496 页。
② 方兆麟:《卞白眉日记(卷一)》,天津古籍出版社,2008 年,第 11 页。

丙辰后，竹侯隐于都门。碧梧翠竹掩映庭除，一门之内融融如也。（方焕经《凡民谜存·方序》）

1月，张起南《橐园春灯话》开始在上海《小说月报》第7卷第1期连载。至12月第7卷第12期续毕。

按：《橐园春灯话》作为《文艺丛刻》（甲集），1917年4月由商务印书馆出版单行本。

在北平，与诸同好"张灯射覆，击钵联吟"。春，与张瑜（郁庭）相识、相交。两人的灯谜交往，一直延续到竹侯病故前几天。

予凤与同嗜，丙辰春季，识君于北平射虎社中，嗣是"隐秀""丁卯"先后同社，互相商榷者阅十余年，故知之最稔。（张郁庭《跬园谜刊三种·张序》）

先是府君里居素嗜吟咏，兼擅廋词，春秋佳日辄与乡父老唱酬商榷。既旅北都，与诸耆宿张灯射覆，击钵联吟，忧时念乱，恒形篇什。（《顾竹侯先生讣告·行述》）[1]

2月20日，铁路协会召开第四次恳亲大会，"正值旧历灯节，仍循旧例，由本会职员招请宋敦甫、张郁庭、牟树滋诸先生及金、缪、佟、韩诸氏组织谜海，设谜互射，以助余兴，藉伸雅怀"。竹侯以下两条谜作布于"谜海"内，并被射中。

帅（四书）夫子必居一于此矣

为国为民（《诗经》，卷帘）帝作邦作对

（《铁路协会会报·谜海》，1916年第5卷第2期）

按：《铁路协会会报》"谜海""隐秀谜社隐语"等栏目所载谜

---

① 刘家平、苏晓君编：《中华历史人物别传集》第82册，线装书局，2003年，第284页。

作，大多未注明作者。本谱中所选《铁路协会会报》竹侯谜作，皆系扬州谜家顾斌先生对照《隐秀社谜选初编》《跬园谜稿》等资料点校、考证而得。后一则谜格，《跬园谜稿》中标为"鸳鸯、卷帘"双格。注："卷作'对作邦作帝'。"

5月，孙女、翊经之女以佩在上海出生。

夏，北平射虎社成立。"草定社章，每月开常会一次，每人最少悬谜三十条，由社员互商。"

宋敦甫（康复）、刘剑侯（柈）、高阆仙（步瀛）于敲灯击钵外，兼嗜商灯，知予与同好，语意廋词极感兴趣。五年（丙辰）夏，遂有设隐社之意，社外之张郁庭（瑜）、金子乾（元善）、佟春霆（霖）、韩少衡（光奎）、薛少卿（宜兴）辈复赞襄介绍，遂定社址假徽州会馆，馆距钟社咫尺，时附设"学界俱乐部"者也。（《顾竹侯灯窗漫录稿本·北平射虎社》）

社章摘录：本社设于宣武门大街学界俱乐部。社员先期编制谜语，每次多则五十条少亦以十条为限，由社员互射之。社员每次到会者，纳资一元，以备一切支用；如有盈余，为印刷及特别大会赠品之用；有不足时，仍由社员分担。同好友人得一人之介绍，皆得为本社社员。每年公开特别大会两次，其赠品由社中备置及社员捐助。京外友人有同好者，得社员一人介绍，亦可入社；每年交会费二元，每次谜语彼此均由邮便通递。（迁公《名流雅集志盛 北京北平射虎社特别隐语大会》）[1]

张起南来京住汀州会馆北馆，与北平射虎社谜友"为诗钟灯虎之会"。

---

[1] 《时事新报》（上海），1918年3月4日，第9版。

味鲈张姓名起南，为诸生时不乐仕进，著有诗词及《橐园春灯话》行世。鼎革后曾至京驻汀州北馆，与桂林陈勉安农部福荫、江苏顾竹侯孝廉震福、广东黎季斐观察国廉北平射虎社诸人为诗钟灯虎之会，其兄蟹芦亦与焉。（《汀州会馆志》）[①]

6月28日，《益世报（天津版）》第10版刊发秦娄的《次韵呈竹侯先生》七律6首。其中首句云："一首新诗一草庐，招来秋色满庭除。"第3首为："门承通德晋公庐，绿野堂开草不除。邻近韩祠宜卜宅，家传枚笔富藏书。狂歌四壁风云动，长啸一声天地舒。淡泊原期明素志，蒋山家法本清疏。"

按：此应为1914年秋竹侯在跬园管艇招饮诗友谜朋的唱和之作。作者秦娄恐系秦襄虞的笔名。

秋，为段朝端、周钧撰《题蔗丈〈秋林习隐图〉》《蘅圃筑小斋颜曰蜕窝秋仲诞辰觞客其中赋排律二十韵为寿》。

重阳节，与何福恒等文友聚会紫极宫。

素心晨夕聚柴桑，已味秋蔬醉几场。梅阁又招何水部，筤囊肯负费长房。埃尘不染心如月，离乱曾经鬶易霜。风雨声中佳节过，多君重举菊花觞。（顾震福《在紫极宫为展重阳会次韵奉答》）

10月10日，与同人小聚淮上三界寺。

10月16日，与周蘅圃、何紫玖、秦剑青、王燕生等宴集段朝端书斋。隔日，段赋长歌道谢，竹侯"次韵答之"。中有句云："我昔玄亭问奇字，琅嬛福地常随从。年几五十未知非，奔走风尘徒倥偬。"

---

① 王日根、薛鹏志编纂：《中国会馆志资料集成》第1辑第4册，厦门大学出版社，2013年，第479页。

桑海蓬瀛几变迁，挂冠神武早归田。携将实录昌黎笔，更续山阳里乘篇。周蘅圃纂修国史并《德宗实录》，国变回里续纂邑志。（顾震福《感逝诗》）

按：周钧（1856—?），字蘅圃、蘅甫，号伯平，江苏淮安人。丽正书院学生，光绪乙亥补博士弟子，壬午科举人，内阁中书，壬辰科进士，翰林院编修。《续纂山阳县志》"总理其事"，并有序。

11月，中国第一家私人银行中孚银行在天津成立。创办人为中国银行第一任总裁孙多森，董事有孙多钰、傅增湘等。顾震福任监察人。①

子翊群考入北大旧制预科，同学有张国焘等。

徐枕亚等人编辑的上海《小说丛报》1916年第3卷第4期载子威辑述的《寒山社诗钟》，竹侯作品有：

庄粟（四唱）

谣兴布粟悲炎汉，避暑山庄想热河。

幽白（一唱）

幽子别宫唐代檄，白民异国禹王经。

幽谷早莺争暖树，白门秋柳挂斜晖。

白战新诗成子美，幽通古赋选昭明。

烛夷（二唱）

龙烛高烧天不夜，鸱夷远引水为家。

竹侯京师大学堂周礼门的同学、举人徐道政在《南社》第16集发表《端节顾竹侯招食粽》诗。

以"姻世侄"身份为丁禧生作《乡贤丁公家传》。

---

① 王丹莉著：《银行现代化的先声》，中国金融出版社，2009年，第54页。

按：丁禧生（1826—1874），字燕式、禹襄，江苏淮安人。山阳附贡生，同知衔候选知县。担任过《重修山阳县志》分校，续辑《淮山肆雅录》（二卷）。撰有《史记条辨》二卷、《箴言萃录》四卷等稿本。

12月3日，寒山诗钟社、北平射虎社社友宋康复在"大总统交通部佥事"任上病故，经其子宋以畏申禀，大总统令交通部给予一次恤金440元。① 竹侯曾为宋康复撰《感逝诗》。

在北京大学读书的顾翊群，偶见姐夫杨毓瓒有手抄本《熙春阁遗稿》。

余于民国五年在北平求学时曾经获睹。五十年来，人事沧桑，不知此本散失何处。近年虽曾访查，终无报命者，意此生当无望再见矣。昨忽由港地收到邮件，其中有兹本在内，当系大陆亲友之有心者所辗转托人寄来华府者。（顾翊群《熙春阁遗稿·序言》）②

民国六年，丁巳，公元1917年，　46岁

作《丁巳元旦步襄虞韵》。

1月，《春谜大观》由文明书局出版。

按：《春谜大观》是上海萍社的同人谜作汇辑本，王文濡编选并序。全书分上下两卷，谜目有42类，收录社友及俞樾、徐家礼等人谜作，计5000余条。但不知何故，未收录作为萍社成员的竹侯的作品。

---

① 《大总统令：交通部批：第二六三号》，《时事新报》（上海），1916年10月22日。

② 顾翊徵、杨毓瓒：《熙春阁遗稿》，中华艺苑（台北），1966年，第5页。

2 月丁酉日，出淮安联城访旧友，"道左池蛙忽跳踉，抱持衔接满郊薮"。作诗《记蛙异答蔗叟》。

春，谜人"遐迩闻风，云集景附"，北平射虎社社员"直接间接，入社愈多"已达六七十人。在竹侯的引荐下，淮安商旧社成员竟有 6 人加入北平射虎社：顾竹侯、尤兴北、俞赞侯、徐绍泉、戚玉丰、萧渭侯。陈冕亚与张起南也在这一时期加盟。

其他，或于开会时邀作社友而仅来观光一二次，虽到而无所表示，或始终从未来社者，概不阑入，意在纪实，因无取乎标榜也。是社成立三年，共开常会三十余次，大会六次，成谜集约四十册，所揭谜语不下二三万条，实开破天荒之记录。其间薛少卿寓津，张味鲈寓湘，所作尤巧夺天工，社中推为"二妙"，曾先后北来与会。社员拥彗郊迎，开樽促坐，迭为东道，宾主尽欢。（《顾竹侯灯窗漫录稿本·北平射虎社》）

4 月 15 日，北平射虎社举办第三次隐语大会。①

4 月，《邃汉斋谜话》《橐园春灯话》由商务印书馆出版。

《日河新灯录》作为《娱萱室小品六十种》之一，由上海扫叶山房印行。

吾乡先辈何年丈庚香……与松江文彦创隐社，松江古迹有日河，今《日河新灯录》中谜稿，计二十四家，首姚福奎（湘渔），次即何绮（庚香）。谜共四百则，收入《娱萱室小品》中，实则何丈佳构在此录以外者甚多。（《顾竹侯灯窗漫录稿本·蜷阶廋辞》）

弟子汪子旭的妻子、女诗人程袖芙在《沪报》刊《五十述怀》七绝 4 首，竹侯作诗相和。

---

① 《益世报》（北京），1917 年 4 月 10 日，增刊 4。

义款兴修洪泽湖大堤，被公举"协力督修"。

今春又经丁绅宝铨筹集现款数万金……不如移作兴修福公堤之用。缘该堤为洪泽湖之屏障，上年横雁重灾……当由省长派委勘估，并经地方士绅公举丁乃嘉、顾震福等协力督修，事将告竣。（《江北之闹荒风潮》）①

《小说丛报》1917年第3卷第7期再载《寒山社诗钟》，其中竹侯作品为：

结江（七唱）

戴记袭秦称蚓结，汉军破楚困乌江。

王先谦卒。王曾任江苏学政，与持白公为会试同年和翰林院同僚。王曾称顾"性淡薄，寡交游，与予同"。

虚受堂中罢啸歌，蔡园泉石冷烟萝。旧栽小草尤荒芜，辜负春风拂拭多。长沙王益吾夫子取入邑庠，《虚受堂文集》中载有竹侯所著书序。（顾震福《感逝诗》）

按：《跬园谜稿》中有一谜：王先谦（四子，红豆）故将大有为之君。并注云：借用清人名，实取"有"字逗，"大有"卦先（实为后——朱墨今注）是谦卦，"为之君"是"王"。

民国七年，戊午，公元1918年， 47岁

1月23日，《无锡日报》第6版发表《端节顾竹侯招食粽》，作者：病无。

按：徐道政（1866—1950），初名尚书，又名平夫、病无，浙

① 《时事新报（上海）》，1917年5月3日，第9版。

江诸暨人。光绪二十九年举人。1913 年毕业于北京分科大学（京师大学堂分科大学，北京大学前身）经学周礼门；攻文字学，所撰《中国文字学》《说文部首歌括》为学界所重。曾任绍兴省立第六师范学校校长。糭，同"粽"。

2 月 14 日正午 12 时至晚 8 时，北平射虎社在顺治门外大街中间路西学界俱乐部（江西会馆对过），举办第四次隐语大会，悬谜三千余条，有茶点等赠品，吸引了众多北大师生猜射。①

遂联袂前往观光，只见火树生辉，金灯炫彩。炳麟纸虎，高标软绣街头；花样文章，翻入葫芦谷里。一时名流毕集，与会者约六七百人，四壁佳制皆盈，悬隐语计三千余则。索枯肠于夜半，巧合天裳；引妙绪于环中，旁通月胁。诚可谓尽廋词之能事，极谜界之大观，余于此叹观止矣。（迁公《名流雅集志盛　北京北平射虎社特别隐语大会》）②

2 月，北平《晨钟报》连载"陈屯冕亚氏录"的《北平射虎社丁巳谜辑》，皆未标作者姓名。据顾斌先生考证，所选载竹侯谜作如下：

2 月 28 日——

囷囵（《左传》二句）两释累囚、以成其好

3 月 1 日——

主人微笑（县名）东莞

3 月 4 日——

绍鸿烈于奕禩（唐五言）淮南一叶下

---

① 《北平射虎社特别隐语大会》，《北京大学日刊》1918 年 2 月 20 日第 4 版。
② 《时事新报》（上海），1918 年 3 月 4 日第 9 版。

黎明即起，洒扫庭除（六才）收拾得早

在江西会馆丁酉乡试同年宴集，有"即席感赋"诗，"回首秋风越廿年，故人重见半华颠"。尾注云："曩年团拜必着礼服，今皆便衣。"

漫游京师，有诗《天坛》《先农坛》《社稷坛》《瀛台》《北海》《颐和园》等。

樊樊山书联相赠。作《寒山诗钟社樊山社长书赠楹帖赋此答谢》。梯园钵社雅集，作《梯园钵社宴集赠关颖人昆仲》。

《小说月报》1918 年第 9 卷第 11 期"文虎"栏目刊载张起南《北平射虎社橐园题像》，中有《同社顾竹侯先生像赞》。从本期开始连载张起南的《北平射虎社橐园隐语》，其后刊载期分别为：第 9 卷第 12 号、第 10 卷第 1—3 号、第 10 卷第 11 号。

滑稽玩世，换骨通灵；雅人深致，牙慧羞论。君房下笔，方朔化身；嗟余颛顸，声氘谁亲。燕云在望，怅惘何云？相思晨夕，落日情深。偶然意合，如见远人；神龙善变，首尾难寻。芜词赠答，离合成文。输君喉舌，脱口如生。（张起南《同社顾竹侯先生像赞·效孔北海四言离合诗隐"淮顾震福竹侯"六字》）

按：此"像赞"与张仙逝前一年（1923 年）题赠给竹侯的有所不同。后来的"修订版"被竹侯收入《跬园谜刊三种·题词》首篇。

作为社友的张起南，从湖南来京参加北平射虎社活动。先生为其《橐园春灯话》题诗。

曲园去后蘦园老，俞曲园著《隐书》，已作古；蘦园著《谜剩》，闻亦病废。谐隐清才数橐园。湘水兰荪皆寓意，海天鱼鸟亦名言。葫芦时事谁猜破，麦麹军声又乞援。方朔滑稽容玩世，犬争鹤啄好重论。

朔解郭舍人隐语，见《汉书·东方朔传》。（顾震福《射虎社友张味鲈自湘省来为题〈橐园春灯话〉》）

按：此诗与《谜社社友六禾策六蟹鲈鹿笙郁庭子潜公皁心朴诸先生来寓所集饮即席有赠》《谜社久未与会公皁函催赋此戏答兼束同社诸子》，被冠以《摘录〈跬园诗钞〉中关于谜社旧作》题，署名"顾竹侯遗稿"，在1936年7月1日出版的武汉《文虎》半月刊第2卷第3期上刊出。

5月，韩永璋《医学摘瑜》由京师东单牌楼北东堂子胡同东口斌魁斋陈家刻字铺附设石印局再版重印，竹侯为之撰序。《医学摘瑜》摘编作者临证医案、师授家传治验及研究古代医籍和历代医家学术经验之心得。上卷有内、妇、儿科数十条医案；下卷医论、集方、汤头歌括。本书对伤寒病症的辨析、伤寒与温病的区别以及伤寒、温病治疗要领，有简要的论述。初版为光绪三十二年（1906）北京和记排印书局竹纸铅印，有延清七绝4首、文光序和作者自序，无竹侯序。

吾乡襟淮带海，代产名医，自吴鞠通先生著《温病条辨》一书，发明伤寒温病之异，与夫三焦受病治法之不同，嗣是医家始不囿于仲景之论，所以生枯起朽者，不知其几千万人也。吴书既风行一时，淮医亦遂有声于世，乡后学缵承余绪，精益求精，卢扁名家不可缕指，数达卿先生为尤著矣。（顾竹侯《医学摘瑜·序》）①

按：韩永璋（1867—1934），字达卿、达哉，号淮阴道人，自称淮阴侯韩信后裔，22岁弃儒就医，光绪十八年春"随侍先严来京侨居候选……疗治颇称应手，谬蒙都人士交口揄扬。"（《医学摘

---

① 韩永璋：《医学摘瑜》，京师斌魁斋石印局，1918年，第8页。

瑜·自序》）。光绪年间任太医院医士，是继吴鞠通之后"山阳医派"的又一名医。

"我来京国百无聊，常向梨园遣寂寥。"与寒山诗钟社社友易实甫等盘桓梨园，诗文唱酬，相继作《听坤伶鲜灵芝歌戏调易实甫》《瘿公为程伶艳秋征诗率赋写赠》《听鼓姬冯凤喜等鼓歌答实甫》。

社友韦宗泗回到家乡，不久病逝，终年59岁。竹侯痛撰挽联，并面对韦氏的三代一门虎将，在《韦袖东东川合传》的最后，借"商旧氏曰"："君家世擅文誉，文虎尤专长。近三世来，善搏虎者不胜偻指数。倘择佳构编家集，必蔚然大观。顾以雕虫小技，不自珍秘，致零落殆尽，可惜也。"

既得讣，挽以联云："皖北之官，岭南入幕，书生竟未竟长才，病榻话离惊，一往深情何缱绻；勺湖联句，管艇商灯，雅集曾共敦凤好，故园寻旧梦，再求同调更凋零。"盖纪实也。（顾震福《商旧社友谜存·韦袖东东川合传》）

9月19日，北平射虎社举办第五次隐语大会。

北平射虎社定于中秋日（即九月十九日）正午十二时起至下午八时止，在宣武门外大街中间路西北京学界俱乐部（即江西会馆对面），开第五次特别隐语大会，悬谜三千余条，备有赠品，以酬猜中。（《北平射虎社定期开会》）①

10月，长子翊辰在任3年以上，获"大总统令""以荐任职升用"。

令国务总理钱能训：呈请将印铸局主事顾翊辰等六员以荐任职升用由呈悉，顾翊辰等均准以荐任职升用。此令。（《大总统指令第

---

① 《国民日报》1918年9月13日第7版。

一千七百七十九号》）①

陈苑芬代理滦县县长。

12 月 5 日，亢榕门在《时事新报》（上海）的《学灯》副刊开始连载《容园谜稿》。

朱锡恩卒。

乔皇典丽擅才华，结绿青萍鉴赏家。吾道南行文运盛，未应噩梦值龙蛇。海宁朱湛卿夫子，主考江南试题文，学子游凡以词藻阐发南学者，皆师所鉴定。（顾震福《感逝诗》）

按：朱锡恩（1856—1918），字湛卿、湛清。浙江海宁人。光绪二十年进士，由庶常授编修，改御史，历充江南、甘肃副考官，邵武知府、国史馆协修及医学提调、医学堂监督。归老后行医自给。著《朱氏八种条辨》《海宁州志稿》。

撰《京邸岁暮》诗，记录这一年再拾灯谜爱好、"容我闲身消岁月"的京中闲适生活："分曹射覆灯重剪，结社敲诗酒共温。睡起萧斋无个事，手携经卷课雏孙。"

民国八年，己未，公元 1919 年， 48 岁

1 月，顾翊群参与创办的《国民》杂志出版。

民国初年在北大预科，与段锡朋、刘正经诸君创办《国民》杂志，曾节译美国某作家有关宇宙新说长篇论文，登载该刊。（顾翊群《管艇书室人文论著译述汇刊·序言》）②

---

① 《政府公报》1918 年第 984 期。
② 顾翊群著：《管艇书室人文论著译述汇刊》，台北文景书局，1973 年，第 1 页。

按：《国民》杂志是五四前夕进步学生团体"学生救国会"的自办刊物，杂志定位宣传爱国、反帝、反军阀，参加的人是以北京大学为主的高校学生，邓中夏、黄日葵、张国焘、许德珩、段锡朋等都是该社的重要成员。

2月，北京大学举办游艺大会，陈冕亚主持其中的文虎猜射。

北京大学为筹集画法研究会基金，特开游艺大会……文虎千条，彩券千号，以助雅兴……文虎以陈冕亚氏所制者为多，谜面极雅丽可诵，彩券每纸铜元二十枚，赠言多、赠物少。来客以二十枚购得"起居多福"一语，殊不值得，然亦颇能博得一笑焉。（静观《年假中之北京学界（记北京大学游艺会）》）①

3月1日，《京报》副刊《小京报》"文虎"栏目，开始连载"楚蕲陈屯冕亚氏选存"的《北平射虎社戊午谜辑》。3月2日、3月3日、4月3日、4月15日、4月16日、5月9日、5月11日等谜辑后还附言："北平射虎社征求社员，有同嗜者请通信北京东城本司胡同三号陈冕亚接洽可也。"到7月27日，共计连载了113期，为后世留存了大量北平射虎社的作品。

来札并谜辑收诵，具悉一一。先生乃当世之李将军，错节盘根，无不迎刃而解，没羽之技，日下久闻。贵社集彦罗英，尤极一时盛选。佩佩！谜辑当逐日付刊……（徐凌霄《答陈冕亚》）②

3月3日，《京报》副刊《小京报》"文虎"栏目的《北平射虎社戊午谜辑（三）》，选谜20条，首条谜即是顾竹侯的"七贤（《左传》一句）晋人谓之二五偶"；还有一条："三尺短墙微有月，

① 《申报》，1919年2月8日，第4版。
② 《京报》（北京），1919年3月1日，第7版。

一湾流水寂无人（昆剧目一）偷诗"。从此期至本年 7 月 25 日，《北平射虎社戊午谜辑》中还选刊了淮安亢榕门、俞赞侯、萧渭侯的谜作。选载竹侯谜作如下：

3 月 7 日——

伊洛瀍涧，既入于河（药名一）四川黄连

人生七十古来稀（"西厢"一句，解铃）老的少的

按：《跬园谜稿》中自注云："杜甫诗。'少'读原音。七十曰老，稀是稀少。"此条谜作暗合者众，如与竹侯同时代的广西况蕙风、天津杨春农等。

另外，商旧社友亢榕门以相同谜面，卷帘格、解铃格射谚语"少年老成"。解释为：杜甫诗。卷作"成老年少"。"七十"曰"老"；"少"读原音，稀少也。朱墨分注——也可以这样解释："人生七十"扣合"成老年"，"古来稀"对应"少"。

3 月 9 日——

临时密密缝（"西厢"一句）只待觅别人破绽

3 月 12 日——

有酒如淮，有肉如坻，寡君中此，为诸侯师（"聊斋"目一）嘉平公子

3 月 20 日——

原本目中有牧童影，此本却无（春秋人一）南宫牛

按：谜面"原本目中有牧童影"《京报》误植为"厚本目中有牧童影"。面句典出自明代王绂的《书画传习录》："米元章在涟水时，客有以戴嵩《牛》求售者，米借留数日，易以摹本。客曰：～。米不得已，以原本归之。"南宫：米芾，米元章，米南宫。

谢小娥复仇（"聊斋"目四）孝女、果报、盗户、申氏

3月30日——

夜半钟声到客船（《四书》一句）子路有闻

4月4日——

使昭伯烝于宣姜（《诗经》一句，系铃）令妻寿母

4月7日——

耕田欲雨弋欲晴（《礼记》二句）有阴厌、有阳厌

4月11日——

君苗每见兄文，辄弃其砚（《左传》一句）田于大陆焚焉

4月17日——

不禁火，民安作（《书经》一句）准人缀衣

4月21日——

卖油郎独占花魁（《书经》一句）专美有商

4月23日——

著（《书经》一句，系铃）厥草维繇

4月24日——

曰南北，曰西东，应乎中（六才一句）风弄竹声

按：《跬园谜稿》中面句为："曰南北，曰西东，此四方，应乎中。"自注："借用《三字经》，实取竹战东西南北风，'曰'与'应'均是声。"谜面别解为打麻将语也。

远人窥牧马（四子一句）或曰放焉

按：原报将"或曰放焉"误植成"或曰放马"。面、底扣合思路："牧马"二字，远观之，或许有人会说是"放焉"二字。

祸不单行（古文一句，系铃）二难并

4月28日——

帝使其子事舜（《时宪书》二）男九宫、女二宫

按：面句系截取《孟子·万章上》，原文为："帝使其子九男二女，百官牛羊仓廪备，以事舜于畎亩之中。"《跬园谜稿》中此谜有卷帘、集锦格，注云："卷作'官二女、官九男'。"

5月8日——

绍鸿烈于奕祀（唐诗一句）淮南一叶下

5月14日——

囝囿（《左传》二句）两释累囚、以成其好

5月17日——

有约不来过夜半，闲敲棋子落灯花（"西厢"一句，卷帘）睡不着

按：此谜"不"字露春，系病谜。《跬园谜稿》未选。

5月21日——

主人微笑（县名）东莞

6月2日——

小姑如我长（左人）女叔齐

6月8日——

卧芒砀山中（千家诗一句）高枕石头眠

6月25日——

谓武尽美矣（"西厢"一句）好模好样特莽撞

7月3日——

频年不解兵（词牌，系铃）降黄龙慢

7月8日——

师必有名（四书一句）先生之号则不可

7月17日——

晋吾宗也，岂害我哉（《左传》一句，卷帘）用备不虞

7月25日——

别裁（"西厢"一句）是牙尺剪刀声相送

4月，北京女子师范学校更名为北京女子高等师范学校，校长方还；8月，校长易人，陈中凡复受聘，担任国文部主任，并于11月请来蔡元培演讲《国文之未来》。上半年，竹侯在北女高教授"文字学"和"近代文选"，一周各二课时。学生有苏雪林、庐隐、冯沅君、程俊英等。①

按：国立北京女子师范大学的前身是京师女子师范学堂，1912年改名北京女子师范学校，1919年改为国立北京女子高等师范学校，1924年改为国立北京女子师范大学，是中国第一所女子大学，也是我国当时唯一的国立女子师范大学。学校设有教育、心理、国文、英文、史学地理、数学物理、物理化学、博物等8个学系。修业年限：预科2年，本科4年。本科采用学分制，旨在培养女子师范学校、女子中学的教职人员以及小学教师。

不孝翊辰、翊经供职旧都，迎养北来，各校争延主讲。府君仅应女高师之聘，为授诗文词曲凡七年，循循善诱，以新颖之理论，发挥国学之精义。诸女弟子咸感悦服，府君亦相待若家人焉。（《顾竹侯先生讣告·行述》）②

在女高师读书时候，竹侯师曾以"观弈"命题，我撰写了一首五古，竹侯师击节赞赏，我亦自负为集中压卷之作……民国八年间，正当世界第一次大战结束不久，当大战时，死人之众多，破坏

---

① 《本学年各科课程及担任教员表》，《北京女子高等师范文艺会刊》，1919年第1期，第5页。

② 刘家平、苏晓君编：《中华历史人物别传集》第82册，线装书局，2003年，第283页。

之残酷，我们每日看报，刿目惊心，所以这首诗的下半首发了那一番议论……竹侯师于"旁观哑然笑"起直到结句止，一圈到底，佳评甚多。（苏雪林《我与旧诗》）①

五四运动爆发，北京学生在天安门前集会，高呼"拒绝在巴黎和会上签字""外争国权，内诛国贼""取消'二十一条'"等口号。北京女子高等师范学生罢课、游行。

"五四"运动那一天，我们一点都不晓得。第二天早上，陈中凡老师来上课，他不讲课，讲了北大的同学反对日本签订不平等条约。这堂课是我们参加运动的开端，我们从此以后，就不上课了，就罢课。（程俊英《五四时期的北京女高师》）②

竹侯有一谜作纪其事：北平民众运动集合处（京剧，卷帘）安天会。后注："卷作'会天安'，言开会于天安门。"

7月28日，《京报》副刊《小京报》继《北平射虎社戊午谜辑》后，又连载张味鲈、高阆仙制的《北平射虎社公饯张味鲈先生隐语》。每条谜底后还注明现场猜中者，此连载公布的竹侯猜中的谜条如下：

7月28—31日（张味鲈谜作）——

学海堂（四书）居休

蒲团（四书）可坐而定也

沈休文元畅楼，今为八咏楼（《诗经》）约之阁阁

8月1日（张味鲈谜作）——

狐禅证上乘（《诗经》）声闻于里

---

① 沈辉编：《苏雪林文集（第二卷）》，安徽文艺出版社，1996年，第139页。
② 朱杰人、戴从喜编：《程俊英教授纪念文集》，华东师范大学出版社，2004年，第295页。

微雨双燕飞（《诗经》）绵绵翼翼

8月2日（张味鲈谜作）——

云边雁断胡天月（《左传》）苏子无信也

8月3日（张味鲈谜作）——

恬（《尔雅》）拔心不死

按：谜面似是排版误植。应为：湉。在1922年《铁路协会会报》所刊"隐秀谜社隐语"未署作者名的谜面为"性"。

8月4日（张味鲈谜作）——

温公为真率会相约不得过五品东坡在黄州复杀之（韵目）三宥

8月5日（张味鲈谜作）——

女（俗语五字）有奶便是娘

8月6日（高阆仙谜作）——

用（四书）水由地中行

禁止伐木（《诗经》）有截其所（刘剑侯、顾竹侯同中）

8月7日（高阆仙谜作）——

鸦背夕阳多（《诗经》）於昭于天

移居紫禁城旁、洵贝勒府东的太仆寺街。

……柯亭离咫尺，尤便谒吾师。柯师凤笙住此街东口。（顾震福《移居太仆寺街新宅》）

6月1日，《北京女子高等师范文艺会刊》第1期卷首刊发《题词》。

富媪阜厚，柔祗清淑。大块文章，辉媚岳渎。朝华夕秀……（顾震福《题词》）

陶玄、王世瑛、冯沅君、程俊英、罗静轩等女高师学生组织学生自治会，参加全市大罢课，编写刊物《女界钟》，上街演讲，游行请愿。

六月四日那天，我校学生自治会开会决定游行，并上书总统，提出释放被捕学生；尊重学生人格，自由讲演；立即撤退包围北大的军警等要求……我们就浩浩荡荡、扬眉吐气地走到新华门。沿途军警密布，枪械森严。我们昂首挺胸，旁若无人。这次游行影响很大，引起了各地的罢课、罢市，政府终于释放了被捕学生，免去了曹汝霖、陆宗舆的职务。我们得意地说："这是中国有史以来女子第一次的干政游行。"（《程俊英自传》）[1]

7月，内兄孙多森病逝于天津。

荆树交荣棣萼辉，津沽宦海冷斜晖。惠人岂独治生计，敦厚情怀世已稀。内兄寿县孙丽轩、荫庭昆仲，以举贡观察直隶，所轫实业商民均感。（顾震福《感逝诗》）

按：孙多森（1867—1919），字荫庭，安徽寿州（今安徽寿县）人。两广总督李瀚章外孙，持白公主讲丽正书院时的学生，为竹侯妻孙多康之兄，清末秀才，捐候补同知，后升候补道。光绪二十四年（1898）与兄孙多鑫在上海创办阜丰面粉公司。光绪二十七年任上海电报局帮办。辛亥革命后，任清廷内阁议和代表。1912年后，历任安徽实业司司长、中国银行总裁、安徽都督兼署民政长、参政院参政、中孚银行总经理。寿州孙多鑫（丽轩）、孙多森（荫庭）、孙多钰（章甫）兄弟3人，均为当年叱咤风云的企业家。

8月8日，《京报》头版刊《本馆特别启事》："本报附张《小京报》因事暂停。"故北平射虎社作品连载数月戛然而止。

---

[1]　朱杰人、戴从喜编：《程俊英教授纪念文集》，华东师范大学出版社，2004年，第282页。

10 月，《多闻报》第 7 版"附张"开始连载《北平射虎社谜集》。选刊顾竹侯、萧渭侯、俞赞侯、徐绍泉、薛少卿、张起南、张郁庭等人的谜作。此连载不知是否《京报》停刊的《北平射虎社戊午谜辑》的余稿？待考。"顾竹侯制"的谜作如下：

10 月 20 日——

泾上之辱，君能救之，兹奉闺房，永以为好（聊目四）龙、神女、果报、柳秀才（阆中）

按：《跬园谜稿》后注："柳毅传书事。"

其危乃光也（铎目）镜里人心（桂中）

按：铎目，文言短篇志怪类笔记小说集《谐铎》篇目。《跬园谜稿》后注："借用《易经》，实取《书经》'人心惟危'，在镜里故有光。"

自尊（四子一）长一身有半（乾中）

白云谁侣（《左传》）又可以为京观夫（乾中）

北平射虎（古文）李商隐（乾中）

按：谜目误植，应是"古人"。《跬园谜稿》中谜目为"唐人"，注曰："借用李广事。实取李氏商隐语。"

屈原字灵均，其词有乱曰（四子，红豆）名不正则言不顺（乾中）

卞道人对镜（唐诗）手把芙蓉朝玉京（味中）

记里鼓车（《诗经》）厥声载路（味中）

启贤能敬承继禹之道（四子）不肖者不及也（味中）

灾梨祸枣（四子）不祥之实（味中）

《多闻报》刊《北平射虎社谜集》中的竹侯作品

10月22日——

何由侣飞锡,从此脱朝簪(六才二) 无意求官,有心听讲(味中)

君实,脚踏实地之人也(武器名) 步光(味中)

濉(五唐) 淮上对秋山(竹中)

极目萧条三两家(谭目) 张五(培中)

夜中梦见小於菟(《诗品》) 远行莫至(乾中)

按:面出苏轼《将至筠,先寄迟、适、远三犹子》。谜底《诗品》句,万历本作"远引莫至",《津逮》本作"远引若至"。

铁浮屠军(谭目) 塔校(桂中)

霍霍之声(字) 韶(逸中)

王绩(《左传》) 无功而受名(逸中)

陆元朗注疏(四子,卷帘) 释明明德(逸中)

举其偏,不为党(铎目) 片言保赤(逸中)

以屠牛、盗驴、贩私盐为事(古地名) 建业(阆中)

10月23日——

舟摇摇以轻飏(《书经》) 浮于潜(竹中)

杯盘狼藉(《礼记》) 则乱于席上矣(竹中)

九龄已老韩休死，无复明朝谏疏来（五唐）今人多不弹（味中）

续聊斋（五古）蒲稗相因依（味中）

大铖即座上，赠金珠冠一顶（《诗品》）如是得之（竹中）

按：22、23 两日"顾竹侯制"的连载，似乎不是竹侯作品。理由：1. 这16则，《跬园谜稿》中都没有；2. 怎么有"竹中"？自己作品自己猜中？但张味鲈的谜作后，也有"味中"。费解。

五唐"今人多不弹"的谜面，《跬园谜稿》中为"旧棉花胎"。

此连载公布的竹侯猜中的谜条有：

10 月 4 日（陈冕亚谜作）——

遍索绿珠围内第（《易经》）困于石（面梅村诗）

10 月 12 日（张味鲈谜作）——

但使龙城飞将在（《易经》）是以广生焉

诏谢安等迎之于新亭（《书经》）因桓是来

10 月 13 日（张味鲈谜作）——

与波上下，偷以全吾躯乎（四子）原泉混混

10 月 18 日（张味鲈谜作）——

九十忽已届（《西厢》）春光在眼前

狂客归四明，山阴道士迎（古人）贺方回

刘褒图书，见者觉寒（《诗经》）北风其凉

试使夷齐饮，终当不易心（唐文）酌贪泉而觉爽（顾竹侯、王逸庵同中）

10 月 18 日（薛少卿谜作）——

踞灶觚以听（四子）耳有闻

情生文，文生情（《诗经》）作于楚室

10 月 19 日（张味鲈谜作）——

苍头带甲（字）芥

残月香词唱柳卿（《书经》）声依永

舍于子夏氏（鸟语）杜宇

10月22日（佟春霆谜作）——

鬼方（《易经》，卷帘）圆而神

10月23日——

清宣宗不尚奢华（四书）宁俭（杨仲宣作）

《玉台新咏》（《易经》）乃徐有说（祥瑞年作）

10月24日（祥瑞年谜作）——

《新序》《说苑》何人所撰（《诗经》）作都于向

《六经奥论》（《左传》）郑有辞矣

10月27日（范艮心谜作）——

旦（六才）袒下了偏衫

按：竹侯熟底，故能轻松擒拿。竹侯的谜面为"青衣"，自注云："偏字逗，'袒'下了偏旁是'旦'，旦角着青衣，一称衫子。"

即即足足（《毛诗》）凤凰鸣矣

10月28日（孔庆镕谜作）——

比利时（国名）日本（马润珊、顾竹侯同中）

惛孟子（聊目）霍生

10月29日——

剪取吴淞半江水（志目）快刀（张桂午作）

逸月首途（《易经》）其行次且（孙笃山作）

按：月份简称似无逸月这个说法，按照扣合，谜面当指五月，可改为午月、皋月、蒲月、榴月等。

四边静（《礼记》）其动也中（孙笃山作）

子我何以来朽木之诛（四子）宿于畳（孙笃山作）

商民之绕越偷漏，亦有苦衷（泊号）病关索（孙笃山作）

10 月 30 日——

襟上杭州旧酒痕（童读）印宿白怀（孙笃山作）

学于慈湖，今反肯之（四子）不归杨（叶肖斋作）

列席饯行（志目）罗祖（叶肖斋作）

查名须向榜头看（四子）皆举首而望之（王海秋作）

事父母几谏（《左传》）子纠亲也（王海秋作）

安定辞（六才）胡云（王海秋作）

11 月 2 日——

荫暍樾下（《诗经》）凉彼武王（齐肇之作）

岱杉二次就职（《易经》二句）先张之弧，后说之弧（胡树屏作）

11 月 3 日（胡树屏谜作）——

福衡（《蒙经》）如挂角

植梅蓄鹤，泛舟湖中（昆戏）快活林

11 月 17 日，北京大学校长蔡元培在北京女子高等师范学校演说《国文之将来》。①

11 月 20 日，刘师培去世。

刘向传经世业儒，自编七略渐殊途。何因错入扬雄宅，枉被人疑莽大夫。仪征刘申叔同年，治左氏每以新义，缘饰文学罹党祸。弛禁后又变宗旨，士林惜之。（顾震福《感逝诗》）

按：刘师培（1884—1919），字申叔，号左庵，出生于著名的仪征刘氏经学世家，寒山社成员。他一生思想多变，早年排满复

---

① 《北京大学日刊》，1919 年第 490 期。

汉，后投端方幕，与革命党人相敌对，民国后又曾加入筹安会，拥护袁世凯恢复帝制。晚年讲学北京大学。学术上他继承家学，在经学上有很深造诣，又著述勤奋，多显示出近现代学术的综合、条理特点。

鲜为人知的是，刘师培和他的堂兄刘师苍（张侯），以及叔父刘寿曾（恭甫）、刘富曾（谦甫），仪征刘氏一门至少有四位是扬州竹西后社的谜人。据孔剑秋《心向往斋谜话》记载："真州经学家刘氏张侯、申叔两昆季，其记忆力颇强，虽《尔雅》《周礼》等书，在社中背诵亦复滔滔不断，所谓看书如桶底脱也。"①

北女高国文部学生李超不顾传统家庭观念，入新式学校读书，备受虐待，忧愤成疾而死。11 月 30 日，北女高和北京大学同学、北京学界在北京女高师礼堂举行"李超女士追悼会"，蔡元培手书横幅"不可夺志"。胡适写的《李超传》在会场散发。蔡元培、蒋梦麟、陈独秀、李大钊、胡适、梁漱溟等均到场并发表演说。竹侯亦"为文以吊之矣"。竹侯之女顾翊娴名列数十位追悼会发起人名单中。②

《小说丛报》1919 年第 4 卷第 9 期刊《寒山社诗钟》，其中竹侯作品为：

一才（七唱）

食桃仙靳绥山一，留枕妃怜魏国才。

画题抗议成林一，诗话随园说子才。

12 月，应北京大学校长蔡元培邀请，在刘师培（申叔）病逝

---

① 陈楠整理：《扬州谜史文献集成》，广陵书社，2019 年，第 579 页。
② 《李超女士追悼大会启事》，《晨报》，1919 年 11 月 19 日，第 1 版。

后获聘北京大学文科教授。

先君同学兼挚友陈汉章先生来舍，说蔡先生拟请先君到北大担任功课。翌日，蔡先生便来舍拜访，其时先君已在女高师。（顾翊群《胡适之先生轶事》）①

文科教授刘申叔之死身后……现在该校已聘顾竹侯继刘氏任教授。顾系江苏淮安人，研究经学颇有声誉者。（野云：《北京通信·最高学府之新气象》）②

国文学系二三学年文及二学年文学史功课，已延定顾竹侯先生担任，定于本星期四（十二月四日）来校授课。（1919 年 12 月 3 日《北京大学日刊》"教务处布告"）

国文系教员顾竹侯先生所授三年级"文"改在星期三午后一时至四时，星期四仍在三时至四时上课。二年级"文"改在……（1919 年 12 月 6 日《北京大学日刊》"教务处布告"）

按：据王翠艳考证："北京女子高等师范国文部绝大多数的专业课教师都是与北京大学共享的。"③

《寒山社诗钟选丙集》由同益书局代印出版。集内"社员名录"108 人，竹侯名列其中。④

与田鲁渔、顾秋岚、裴梓卿、周次衡等资助出版段朝端的《椿花阁诗集》。

逮写商榷，未及授梓，而默存丁宝铨。被祸，痛入肝膈，无意料理。田君鲁渔、顾君竹侯见斯事之无成也，毅然自任。商之顾君

---

① 冯爱群编：《胡适之先生纪念集》，台湾学生书局，1973 年，第 71 页。

② 《申报》，1919 年 12 月 15 日，第 6 版。

③ 王翠艳著：《女子高等教育与中国现代女性文学的发生：以北京女子高等师范为中心》，文化艺术出版社，2007 年，第 65 页。

④ 白福臻编辑：《寒山社诗钟选丙集》，香港联谜社，2003 年，第 3 页。

秋岚、裴君梓青各有所助。（段朝端《椿花阁诗集·自序》）①

腊月，回淮。

腊鼓声中岁又阑，蜗庐三载寄长安。春光漫说皇都满，世路真如蜀道难。退院已参方外想，还家翻当客中看。斜风细雨逢寒食，扫罢松楸泪暗弹。（顾震福《返里数日复别去》）

《续纂山阳县志》《山阳艺文志》开始编纂，段朝端总纂，竹侯担任建置、古迹分纂，内容包括城池（围寨附）、仓庾、坛庙（寺观附）、驿递、街市、坊镇、桥渡、塘堰、善堂、坊表，古迹、古井、丘墓。其时山阳虽已改称淮安，但因记事止宣统三年（1911），故仍题"山阳"。

民国九年，庚申，公元 1920 年， 49 岁

继续在北京女高师授课。具体课目——国文："模范文选""文字学"；诗词："诗学与诗史""诗选""词曲选"。②

升学北平女高师后，有一首七古题目是《十一夜大风吹窗户开，衾帐皆被掀落，戏作歌》……我们中文系诗词教授顾竹侯先生批评我这首诗诙谐处逼似长公，不愧眉山之后云云。（苏雪林《我与古诗》）③

2 月，与张郁庭、关赓麟、高阆仙等人创立隐秀谜社。李钟承（松颐）在《春灯谈虎录：（二）隐秀谜社小史》记载，会员中原

---

① 段朝端撰：《椿花阁诗集》，复旦大学图书馆，1985 年，第 3 页。
② 《北京女子高等师范文艺会刊》，第 4 期，第 78 页。
③ 沈辉编：《苏雪林文集（第二卷）》，安徽文艺出版社，1996 年，第 139 页。

北平射虎社的有 20 人，分别是：张起南、顾震福、金子乾、薛少卿、徐钟恂、俞赞侯、王士同、李裕增、孙凤翔、伍汉槎、韩光奎、王凤瀛、徐培萱、祁甘荼、高步瀛、刘梣、李嘉绩、汤公亮、陈冕亚、鲁敬业。又有新进会员 25 人：关赓麟、颜藏用、李嘉淦、孔剑秋、李松颐、戚逢年、亢榕门、齐肇之、李云程、张汉文、张符乾、赵勖庵、杨逢辰、关卓然、魏鸿渐、孙重甫、徐梦莲、万赓年、宋绍璟、马步荪、周子成、杨汉云、章吉人、李瘦红、宗威。共计 45 人。①

按：北平射虎社社友陈冕亚在 1930 年第 8 期上海《文虎》上刊《春灯谈往录·北平射虎社》，"就记忆所及，追录社员姓名" 140 人，其中关赓麟、孔剑秋、亢榕门、宗威等多人与李文所云 "新社友" 重叠，恐系李记误。

其中，原淮安商旧社的社友竟达 5 人：顾震福、徐钟恂、俞赞侯、戚逢年、亢榕门。

隐秀社，即射虎社所改组，成立于民国九年二月，名本《雕龙·隐秀篇》，由阆仙改定。地址迁入西长安街铁路协会，规则与射虎社略同。两年以来，开会二十余次，油印谜集亦得二十余册。（《顾竹侯灯窗漫录稿本·隐秀社》）

商旧谜社社友亢榕门（兴北），"工书画，精鉴别，收藏名迹甚富"，被招入商旧谜社，"互相猜射，至足乐也"。"岁庚申，挟所藏奔北游"，又被竹侯荐入隐秀谜社。

既来京，骨董家耳其名，多延为审定……（尚）小云感其诚，延授六法。君遂携篷室寓京。时予适亦侨居燕京，颇乐与数晨夕。

---

① 《卫星》，1937 年第 1 卷第 1 期，第 50 页。

然忙于顾曲，灯社而外罕得觌面矣。（顾震福《商旧社友谜存·亢兴北传》）

在京教书育人的同时，"偶来门客半同乡"，与故乡联系不断，担任《续纂山阳县志》的"建置"和"古迹"的分纂。

雪花飞白柳枝黄，掩映先生两鬓苍。差喜砚田无恶岁，偶来门客半同乡。青箱守业儿孙福，绛幔传经弟子行。忝许分曹修邑乘，卌年掌故愧遗忘。近分纂本邑续志。（顾震福《春初遣兴》）

同学聚会，作《芹谱春聚次石逸韵》，中有"冷肆残编时访旧，春灯隐语尚猜迷"句，并注"迷即古谜字"。

3月，"孙氏望族"阜丰机器面粉股份有限公司股票发行，公司总股本100万元，总理孙章甫、经理孙景西。作为董事，竹侯和另8位孙姓董事、总理、经理，名列股票票面上。①

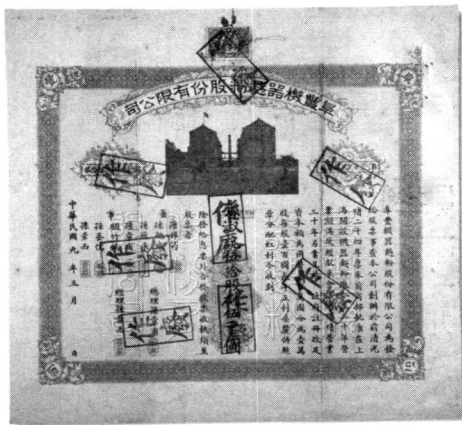

阜丰机器面粉公司股票

① 陈伟国、任良成编著：《中国近代名人股票鉴藏录》，上海大学出版社，2012年，第13页。

夏，孙师郑作《庚申五月观弈》（原题《庚申消夏诗》）6首，"广求和什"。竹侯和作4首《观弈答孙师郑》发表在《铁路协会会报》1920年第9卷第10册上。

按：此诗亦刊于《大公报》（天津）1920年10月19日第10版，《铁路协会会报》第9卷第11册又刊一次，题目改为《奉读师郑先生观弈诗效鞶率和四章》。前两首后编入《跬园诗钞（卷三）》，题为《观弈答师郑丈》。

北女师学生改编、排练《孔雀东南飞》话剧，在教育部大礼堂公演四天，轰动京城。

演员由我级同学担任，冯沅君扮焦母，孙斐君扮焦仲卿，陶玄扮刘兄，陈定秀扮小姑，我扮刘兰芝。导演者就是我们最敬爱的李大钊老师。（《程俊英自述》）①

秋，关赓麟、高步瀛、刘梜选编的《隐秀社谜选初编》出版。题签者为社友马天徕（步荪）。

当第六会后，已得谜三千余则，社中同人公推关君颖人、高君阆仙、刘君剑侯选正，选出五百余条，印《隐秀谜选》一卷，卷中所选拙作五十则，几占全篇十分之一。（《顾竹侯灯窗漫录稿本·隐秀社》）

社友刘子剑侯癖于谜，尝语予："吾国今日学术，无一不远逊于昔，惟隐语一类，驾古人而上之。"予骇异其说，然心疑未敢遽以为定谳也。既剑侯与诸同好结社春明，名曰"隐秀"。逾半载，选印社稿，请序于予。予受而读之，叹为得未曾有，领异翻新，继

---

① 高增德、丁东编：《世纪学人自述（第二卷）》，北京十月文艺出版社，2000年，第51页。

幽凿险，洵足夺明远之席，而拔荆公之帜，以是知剑侯之果不予欺也。（关赓麟《隐秀社谜选·序》）①

至于近人撰述、谜集，以北平隐秀社所刻《谜选初编》为最佳，上海萍社所刻《春谜大观》次之。（钱南扬《谜史·谜语书籍》）②

9月11日（农历七月二十九日），孙师郑"招集胡绥之、董茂堂、贺履之、李茹真、邵次公、陈伯弢、楼幼静、顾竹侯、宗子威诸君，会饮于城南广和居酒楼，同拜王伯厚先生生日，敬赋长歌索同人和"。③ 孙氏"长歌"分三期连载于9月21—23日的《大公报》（天津）"文苑"版。

中秋夜，与同学陈汉章"把酒持螯"。④

9月16日，卞白眉为竹侯夫妇祝寿。⑤

10月4日，在家宴请卞白眉、林学家韩安（竹坪）等人。

晚往竹侯处晚餐，值韩竹坪。彼等在鸡公山租有别墅，予拟入股五百元。（《卞白眉日记（卷一）》）⑥

10月9日（农历八月二十八日），王士禛生日。竹侯邀集孙师郑、高阆仙、刘剑侯、宗子威、张郁庭等隐秀社谜友及文友诗酒唱酬。有《仲秋二十八日渔阳山人生日柬邀孙丈师郑张君孟劬高君阆仙刘君剑侯邵君次公宗君子威张君郁庭吴君桐鸳暨彤士同年伯弢同

---

① 高伯瑜等编：《中华谜书集成（三）》，人民日报出版社，1997年，第2255页。
② 钱南扬：《谜史》，上海文艺出版社，1986年，第109页。
③ 《大公报》（天津），1920年9月21日，第3张。
④ 顾震福著：《跬园诗钞》，台北佩文书社，1960年，第119页。
⑤ 方兆麟：《卞白眉日记（卷一）》，天津古籍出版社，2008年，第88页。
⑥ 方兆麟：《卞白眉日记（卷一）》，天津古籍出版社，2008年，第91页。

学饮明湖春酒肆》长诗。孙师郑亦有长诗《庚申八月二十八日竹侯招饮明湖春酒楼同拜新城王尚书生日敬赋长句》，分别发表在《大公报》（天津）1920年11月3日的"文苑"版、《铁路协会会报》1920年第99期和1921年1月31日《新华日报》。

……人来汐祉诗成稿，寒到都门柳已秋。偏喜虎头真解事，椒浆桂酒奠灵修。（子威《渔阳生日顾君竹侯招饮明湖春赋诗敬和》）①

按：宗子威此诗，似乎是竹侯谜坛誉称"顾虎头"的最早出处。

10月12日，与郭春榆、宋芝田、夏闻枝、闵葆之、丁闿公、章缦仙、宗子威及寒山社诸君同集宣南大街赣园拜王船山先生生日。

10月，寒山诗钟社社友易顺鼎（实甫）卒。

张灵前世不须疑，蚤岁都惊圣小儿。留得四魂好诗集，大招底用楚人词。龙阳易实甫幼慧，自称张梦晋后身。（顾震福《感逝诗》）

按：易顺鼎（1858—1920），字实甫，号眉伽，晚号哭庵。湖南汉寿人，寒山诗钟社社友。近代著名诗人，工诗、词、谜及骈文，尤以诗名，与樊增祥并称"樊易"。与黄遵宪、邱逢甲并称为晚清三大爱国诗人。袁世凯称帝，易代理印铸局长。顾云臣对其有知遇之恩。据其自述，持白公任湖南学政时，激赏其文取为案首，"即补食廪饩"。1929年2月，他曾为其印铸局的部下顾翊辰《蠖庵类稿》撰序。其子易君左（1899—1972）亦为谜家。

11月25日，常熟谜人徐兆玮欲和好友孙师郑"观弈诗"，在

---

① 《大公报》（天津），1921年3月24日第3版。

日记中将别人已和之诗"录其佳者"数首，其中有竹侯的和作一首。①

按：徐兆玮（1867—1940），字少逵，号倚虹，又号虹隐，别署剑心，江苏常熟人。学者、藏书家、谜家。光绪十六年（1890）进士，历官翰林院编修。曾任常熟代理民政长。民国元年与瞿启甲等被选为第一届国会众议员。著有《诗钟·联语·酒令·隐语》一卷、《文虎琐谈》一卷、《灯虎汇录》一卷，稿本存常熟市图书馆，后两种收入《中华谜书集成（三）》。

商旧社友李福基卒，享年 61 岁。竹侯十几岁猜谜时就结识了李福基、戚逢年，李、戚和俞赞侯都住山阳砖桥东，被称为"城西三杰"。李是其中最先仙逝的，另两人都被竹侯荐入北平射虎社、隐秀社。后竹侯选编《商旧社友谜存》时，还遗憾未能找到李的谜作刊布存世。

与一经庐距不数武。韦氏叔侄昆季，素以文虎名。两先生过从既易，时往较射，他社亦罔不至。至则必庆多马而归。时甘泉俞先生赞侯锡爵。寓淮课徒，居亦与邻近。茶余话旧，兼及隐言。俞君心摹力追，足与方驾，同入予社，有城西三杰之目。（顾震福《商旧社友谜存·李瘦岑戚玉丰传》）

时移社散，音问阔疏。三五年间，竟强半已作古人。抵书其家征求谜稿，迄无以应。幸搜敝簏，当年旧作尚存少许。惟李君遗墨，终未由得，慨何如也。（顾震福《商旧社友谜存·顾序》）

按：李福基（1860—1920），字瘦岑，与戚逢年"同里巷，同

---

① 徐兆玮著，李向东、包岐峰、苏醒等标点：《徐兆玮日记（三）》，黄山书社，2013 年，第 2164 页。

就傅于阮氏家塾"，后闭门潜修，擅画梅花。"乘兴成谜，多不留稿。"著有《三近草堂诗集》八卷传世。

11 月，由陈中凡推荐，胡小石受聘北女高。竹侯与李大钊带领部分学生欢迎他，并合影留念。

"国文学系第一届卒业生欢迎胡小石先生莅京摄影"。后排
左三：顾竹侯；左五：胡小石；左六：李大钊

按：陈中凡（1888—1982），原名钟凡，字斠玄，号觉元，江苏盐城人，中国古典文学家、红学家，与胡小石、汪辟疆并称南大中文系"三老"。著有《古书读校法》《中国文学批评史》等书，其中《中国文学批评史》是中国第一部文学批评史。

吴浵卒。

漱六山房大雅宗，鲤庭追步自雍容。劫余燕市杯重把，击筑高歌兴已慵。淮阴吴温叟尊公稼轩先生著《漱六山房诗文集》。温叟怀才不遇，晚

客燕兴致锐减。（顾震福《感逝诗》）

按：吴涑（1867—1920），字温叟，号季实，江苏淮阴（今淮安市淮阴区）人，吴昆田之子。晚清诸生，民国议员。著有《抑抑堂集》。

本年，《铁路协会会报》总第91—98期逐期连载《隐秀谜社隐语》，为隐秀谜社留存了大量作品，其中有竹侯如下谜作数十则。

尚父召父祠（志目）鹰虎神

过百龄棋谱（四子）子以四教

示之背（礼二）出必告，反必面

王粲覆局不误一道（四子，移铃）子路行行如也

按：《跬园谜稿》中加注云："'行'改读为'杭'，言棋局行行如前式。"选入《隐秀社谜选初编》时谜面改为"覆局不误一道"。《跬园谜稿》中另有一谜：覆局（四子）使子路反见之。注云："借用王粲事，实取翻覆棋局，棋子之路可反见。"

西邻责言（古人）东不訾

苏张（七唐）古者世称大手笔

豕人立（古人）竖亥

伊尹耕于莘野（《诗经》，双解铃）衡从其亩

按：双解铃格规：谜底某两字本当圈读，而故解读，重读本音。《跬园谜稿》后注："衡、从，俱读原音。言阿衡尝从田亩。"《孟子·万章上》："伊尹耕于有莘之野，而乐尧舜之道焉。"伊尹，又名阿衡。会意法扣合。

关于更改声音、句读以及谜格的运用，竹侯在《跬园谜稿》凡例中说："编中谜底各类以文字音读照旧不改者列前，鸳鸯、重门格附焉。其更改声音、句读，如系铃、解铃、移铃、红豆、牟尼、

卷帘诸格次之。至其他杂格，截搭钩连，分合增损，矫揉割裂，殊欠自然。只以前人既开是端，又为晚近时俗所尚，姑录一二附后，并于首见某格时说明义例。惟新赋、昭阳诸白字格，囿于乡音土语，未能通行，一概不录。"

鸳鸯井（志目）鹡异

商业（四子）敏则有功

抢榆（剧）摇钱树

帝顾谓湖阳公主（诗）不尚有旧

审刺（四子）片言可以折狱者

禅谋草创之一节（晋文）更相为命

燕雀成群（韵目）十一队

元起易箦（时宪书）申不安床

姜嫄履大人迹而诞后稷（四子二）自生民以来，未有夫子也

宋昭王筑青陵台（四子，解系）是为冯妇也

几曾见寄书的瞒着鱼燕（四子）无有封而不告

闲居为善（四子）仁者安仁

二五耦（四子）耕者九一

紫之白阗（礼·月令）蚯蚓出

江表（四子人）公明仪

亲近三老（五唐）五更疏欲断

天下无双（《左传》）服江黄也

曲逆侯武乡侯（书）封十有二山

破伞（《尔雅》）盖割裂也

（《隐秀谜社隐语》，《铁路协会会报》1920 年第 9 卷第 4—11 期）

民国十年，辛酉，公元 1921 年， 50 岁

1 月 20 日，当选为中孚银行监察人。

午后二钟中孚开董事会，增选董事二人，当选者为龚仙舟及林
子有；改选监察人三人，当选者为谢莘如、孙陟甫及顾竹侯。(《卞
白眉日记（卷一）》)①

1 月 29 日，《新华日报》刊发竹侯《奉和师郑先生观弈诗》。

正月，少时同时"入泮"为生员的同学在四公祠宴聚。身在京
都又未参加，作《芹谱公宴仍未克与柬介清潞生》五言两首、《和
石逸芹宴诗韵》五言四首。

3 月 9 日，《新华日报》第 5 版刊发师郑长诗《招集胡绥之董
茂堂贺履之李茹真邵次公陈伯弢顾竹侯宗子威楼幼静诸君会饮于城
南广和居酒楼同拜王伯厚先生生日敬赋长歌六十五韵索同人和》。

4 月 7 日，赴卞白眉宅，为李经畬贺寿。②

秋，《续纂山阳县志》十六卷、《山阳艺文志》八卷刻成，段
朝端（前署海州学正，重燕泮林，廪贡生）总纂，杨杞林、周铨、
田毓璠（前署安徽六安直隶州知州，泗州直隶州知州，进士）、徐
钟恂（记名丞参国史馆协修，功臣馆纂修，翰林院编修）、顾震福
（候选直隶州知州，举人）、陶钟簏分纂。

漕运、列女，属之田君鲁渔。毓璠。疆域、杂志，属之徐君少
泉。钟恂。水利、选举，属之杨君小坪。杞林。民赋、军政，属之陶
君次埙。钟簏。时周君次衡铨。客沪上，则以职官、学校属之。顾君

---

① 方兆麟：《卞白眉日记（卷一）》，天津古籍出版社，2008 年，第 106 页。
② 同上，第 120 页。

竹侯震福。客都门，则以建置、古迹属之。人物、艺文、刊误，予自削草，参互商榷。（段朝端《续纂山阳县志·序》）①

里乘重修忆柘堂，卅年飘忽去何忙。同治间乡先辈丁柘叟重修邑志，后至宣统三年已四十余年。两朝故事谁收拾，一邑流风渐渺茫。剩有守藏存柱下，犹能耆旧记襄阳。传闻未必无疏略，安得山夫再表章。乾隆间邑旧志成，乡先辈吴山夫更作志遗，多有补正。（顾震福《〈续纂山阳县志〉刊成披读志感》）

8月12日，顾翊群、顾翊威在上海登上"中国"号轮船，经檀香山赴美留学，同船的还有梁实秋、王崇植、浦薛凤、吴国桢、方东美、王抚州等人。②竹侯作《送群威两男赴美留学》，"愿汝在远勿忘规"，勉励二子"三四年间一瞥眼，行看破浪乘风归"。

重阳节，诗钟社社友同游京南江亭（陶然亭），作诗《九日偕社友登江亭呈樊山诸老》。

9月，北女高国文部主任陈中凡转任南京东南大学国文系主任。胡小石继任陈职。

冒广生（鹤亭）督淮安关，在运河西湖心寺宴邀王鸿翔、田毓瑶（鲁渔）、周钧等文友。先生"寄读唱和诸作，次韵补赠"。

太息今何世，艰屯足喟然。群经俱扫地，大浸况稽天。故国沧桑感，骚人翰墨缘。此中多寄托，漫比滑头禅。扬州人称谜语为滑头禅。

风雅仰跰园，商灯忆上元。良宵留梦影，别派续词源。析字门题凤，回文锦织鸳。隐书传后学，射覆倘能言。（王鸿翔《跰园谜刊三种·题词》）

---

① 周钧、段朝瑞等：《续纂山阳县志》，台湾成文出版社有限公司，1983年，第3页。

② 秦平著：《方东美》，陕西师范大学出版社，2017年，第36页。

获冒广生赠其主修的《钵池山志》，作诗《吾乡钵池山景会寺久废鹤亭撰志传之承赠答谢》。

是年，《铁路协会会报》发表竹侯4条谜作。

享名（六才）眼皮儿上供养

绛侯遇赦（四子）以薄为其道也

刘安世（五唐）淮南一叶下

赑屃（易经）介于石

（《铁路协会会报》1921年第10卷第1期、第3期、第5期）

按："刘安世（五唐）淮南一叶下"在《跬园谜稿》中改作"淮南一叶下（宋人，红豆）刘安世"。并注云："安字逗。借用许浑诗，实取刘安是淮南王，世是累叶。"竹侯还有"绍鸿烈于奕祀（唐诗一句）淮南一叶下"谜。《跬园谜稿》中自注云："《淮南子》，《鸿烈训》。绍奕祀是一叶后。"

韩振轩的《小琅嬛仙馆谜话》由云龙雾豹社刊印出版。

高公阆仙与宋公敦父，在北京学界俱乐部，仿寒山诗钟社办法，组织北平射虎社，规模洪大，为前所未有。社员皆文学巨子，知名之士。如樊樊山、关颖人、张郁庭、张味鲈、陈冕亚、邵次公、金子乾、朱芷青、罗梓卿、顾竹侯、牟树滋、缪越青、佟春霆、杨汉云、吴鼎昌、李毓如等二百余人，人才济济，旷古所无，可谓盛矣。无何，宋公长逝，高公公忙，开会三载有余，无形解散，盛会不常，可胜浩叹。（韩振轩《小琅嬛仙馆谜话（上）》①

该年，高步瀛应时任国立北平高等师范学校校长的陈宝泉邀请，到校兼课，同时兼任国立女子高等师范学校教授。

① "海上谜谭"网：http://www.sh-dengmi.com/show.php? id＝392

汉志《隐书》今异佚，鲍昭诗谜继风华。新编又见《千文虎》，不独高才数八家。

北平射虎结同心，犹记当年兴趣深。小技只今成绝响，感时宁独广陵琴。（高步瀛《跬园谜刊三种·题词》）

民国十一年，壬戌，公元1922年， 51岁

年初，北京女子高等师范学校改名为国立北京女子师范大学，许寿裳任校长，聘请鲁迅讲授第三届国文部课程；许广平入学。

这几年继续在北京女子高等师范国文部教授"模范文选"：隋唐以来纪事、说理、抒情各体文；"文字学"：文字源流、六书例略、说文部首；"诗选"：古近体诗选。同事先后有李大钊、胡适、陈中凡、鲁迅、周作人、胡小石、黄侃等，陈独秀等也到校作过讲演。[1]

陈（中凡）老师讲授《文字学》仅一年，只讲六书象形和音韵部分，次年，由顾震福老师继任，短短两学期，便通读了许慎《说文解字》和段注，略解我国文字形声义结构的常识。（程俊英《陈中凡老师在女高师》）[2]

本科第二学年起，教授《词曲选》。编著《词选》[3]《曲学》。

九、诗词：（甲）"诗选"……（乙）"词曲选"。本科第二学年授宋元以来"词选"及"曲选"，一单位，用选本。（丙）"诗学

---

① 《北京女子高等师范文艺会刊》，第4期，第78页。

② 朱杰人、戴从喜编：《程俊英教授纪念文集》，华东师范大学出版社，2004年，第342页。

③ 顾震福选：《词选》，北京女子高等师范学校，中国国家图书馆藏。

及诗史"……顾震福任。(《国文部学科课程一览并教授概况》)①

《词学》，顾震福编辑，北京女子高等师范学校，一册。(《中国文学·诗文评论及研究》)②

《曲学》，顾震福，北京女子高等师范学校排印本。

上编：第一章名义，第二章源流，第三章宫调，第四章音节，第五章曲韵；下编：第六章曲谱，第七章曲诀，第八章元代，第九章明代，第十章前清。附：曲选（辑录南北名剧近十出）。(《专著书目》)③

2月22日，元宵节，铁路协会恳亲大会按惯例由隐秀社悬谜征射。

由该会职员招请海内隐语巨子组织谜海，设谜互射，以助余兴，久已脍炙人口。惟其全稿该会向来珍重不肯示人，外间无从得睹。兹由本社托人向该会觅得本年大会射落之全稿一份，披露于本刊，以餍阅者。(《京报》社编辑语)④

4月6日，《京报》第7版"文虎"栏开始连载北平射虎社《第二十四次常会已揭隐语》，到本月29日，共连载了9期。首期发表金子乾谜作11则。竹侯猜中一则：木兰不用尚书郎（唐五言）红颜弃轩冕。4月25—26日，此连载刊发商旧社谜友萧渭侯的数十则谜作。

4月7—8日，《京报》连载的《第二十四次常会已揭隐语》刊

①《北京女子高等师范文艺会刊》，第3期，第9页。
②《首都师范大学图书馆藏普通古籍目录》，1994年，第131页。
③ 傅晓航、张秀莲主编：《中国近代戏曲论著总目》，文化艺术出版社，1994年，第135页。
④《京报》（北京），1922年4月20日，第7版。

发"顾竹侯制"13 则谜：

无曰予小子，召公是似（《易经》）大人虎更（逸中）

沉酣六籍（《诗经》）诵言如醉（乾中）

利息从未付过（《诗经》）本实先拨（乾中）

意匠惨淡经营中（《诗经》）是究是图（威中）

朔生三日而田氏死，邻母拾而养之（《礼记》）东方曰寄（苏中）

怨耦（四书二）有妇人焉、九人而已（威中）

小戴（四书）其冠不正（衡中）

料得清贫馋太守（四书，卷帘）可与言（逸中）

以鸟名官（四书二）公卿大夫、此人爵也（逸中）

孔光（古文）月出于东山之上（渭中）

弘道（"西厢"）口没遮拦（逸中）

禁烟（时宪书）不宜动土（培中）

蝼（志目）美人首（珊中）

按：据《顾竹侯灯窗漫录稿本》记载，北平射虎社"谜集用油印，标题某次常会或大会隐语。其已揭晓者，如：'广橘红'射四子，系樊山作，予射中为'五羊之皮'，则注明'山制、竹中'"。上列谜作猜中者分别是——逸：王逸庵；乾：金子乾；威：宗子威；苏：李苏仲；衡：韩少衡；渭：萧渭侯；培：徐培萱；珊：马润珊。

以下为《第二十四次常会已揭隐语》中记录的竹侯所猜中谜作：

4 月 11 日——

一齐人傅之（《周易》二）师众、也/李成伯

可欺以其方（《周易》）君子用罔/李成伯

4月14日——

初学集（书名）钱录/祥瑞年

4月26日——

东山高卧（《诗经》）乃安斯寝/萧渭侯

《铁路协会会报》1922年第11卷第3期（总第115期）"隐秀谜社隐语"栏载竹侯一谜：

桓圭（诗）温其如玉

7月，画家姚又巢辞世。

老笔纷披陈老莲，豪谈健步酒中仙。缑山一夕归鸾鹤，还石山房锁暮烟。杭县姚又巢寓淮，善写生。还石山房中，时有名流过从。以七夕前一日作古。（顾竹侯《感逝诗》）

按：姚又巢（1841—1922），名琛，浙江仁和（今浙江杭州）人，其父受"先世余荫，得官不就，日以诗酒自娱，精六法、工画蝶，有'姚蝴蝶'之名"。他幼承家学，日事丹青，稍长又从杭州名画家赵之琛学画，为人"持躬谨厚，处世和平"。咸丰末年，家乡为太平军攻占，其父卒，他与母旅食江淮间，爱淮安风土，遂定居山阳。

仲夏，国文部举行毕业典礼，程俊英、庐隐、冯沅君、陈定秀等作为该校第一届毕业生毕业。竹侯与李大钊、胡小石、邓粹英等老师参加毕业典礼并讲了话；最后拍照留念。

举行毕业典礼那天，许多老师都应邀来校，谈些勉励的话。李大钊老师说："你们都是'五四'新时代的优秀女学生，受过运动的锻炼和新思潮的教育。今后，在各人的工作中，千万不要忘记国家的前途和妇女的命运，继续前进。我一定和你们经常见面、谈心。"胡小石老师插话："李老师说得对，我们今后一定互通消息，你们就像我的女儿一样，要随时知道同学们毕业后的情形。"来校老师中，还有邓粹英（教育学老师，北师大校长）、顾震福（文字学老师，著作丰富，王先谦挚友）、傅铜（哲学老师，北大教授，罗素的学生）、吴卓生（英语教师，美国留学生）、张耀翔（心理学教师，北师大教育研究科教授、主任）等十余人，他们多半讲了话。最后，在大礼堂前小花园拍照留念，我们四人穿着浅灰布衣和黑裙，手牵手地坐在前排。(程俊英《回忆庐隐二三事》)①

李大钊（后排右三）、顾震福（后排右四）与北京女高师毕业班学生合影

因与校管理层不合，胡小石辞职南返，女师大有部分留京毕业生与第二届国文部部分同学为其送行，并请李大钊作陪，最后在学校大礼堂假山上合影留念。8 月，胡小石去武昌高等师范学校任教授兼系主任。

_____

① 朱杰人、戴从喜编：《程俊英教授纪念文集》，华东师范大学出版社，2004年，第 309 页。

夏，病。收到陈中凡寄其叔陈玉树著《〈尔雅〉释例》，覆函云："弟入夏而后，屡抱薪忧，日前就诊德医，腹疾虽痊，气体益弱。秋凉将回里休息。"

又致函陈中凡，报告北女高"管理则日渐废弛，教科则任意更张"。感谢他和胡小石相邀到南京、武汉任教，惟因"年逾半百，又素有胃病。发时饮食稀少，以致精力日衰。家属既俱寓京，若弟子身远游，膳食起居自不能如在京之安逸"。故"勿就他事"。①

私立北京华北大学由蔡元培等人创办，该校铅印的讲义《中国文字学》，系"淮安顾震福编辑"。分上、中、下三编，有名义、源流、六书、象形、指事、会意、形声、转注、假借、形体、训诂、声韵、春秋至魏晋、齐梁至隋唐、宋元明、前清及近今，共十六章。②

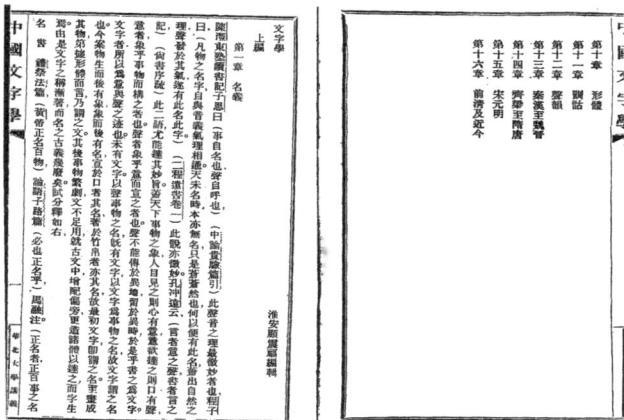

顾震福的《中国文字学》

---

① 吴新雷等编纂：《清晖山馆友声集·陈中凡友朋书札》，江苏古籍出版社，2001 年，第 573 页。

② 顾震福编辑：《中国文字学》，铅印，华北大学讲义。

按：此讲义恐原本于竹侯在北女高的授课讲义。2009 年，台中文听阁图书有限公司曾影印出版。《中国文字学》同名著作，在民国时期还有徐道政、荣庚、唐兰等数家，各有千秋。

10 月 5 日，《云龙雾豹》第 72 期出版。刊发竹侯谜作：

文官不要钱（四书人）飞廉

按：《跬园谜稿》此条后注云："岳飞语。不要钱是清廉。"《云龙雾豹》系北平灯谜旬刊，韩振轩主编，小琅嬛仙馆出版。逐期刊发了包括淮安徐绍泉、亢榕门在内的北平射虎社谜人的大量作品。

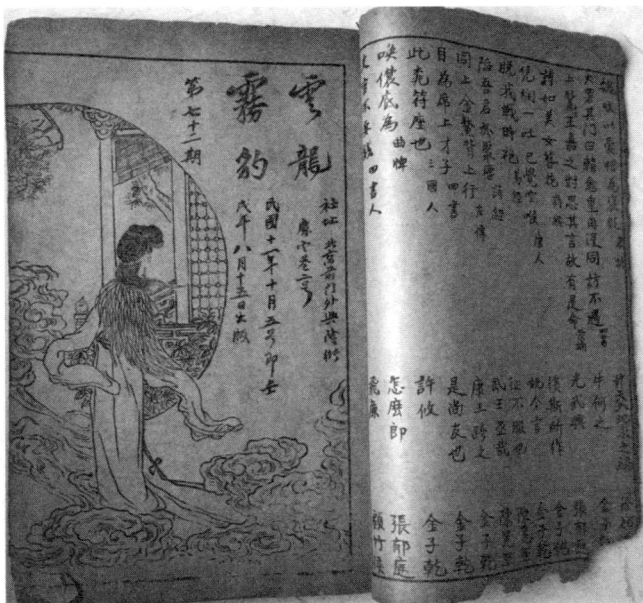

《云龙雾豹》第 72 期

11 月 25 日，《云龙雾豹》第 77 期出版。收录竹侯谜作两则：

石经三传半无存（唐诗）羊公碑尚在

按：《跬园谜稿》此条后注云："拗作'公羊'。言三传中惟公羊石碑尚在。"

如父子何（《书经》）奉先思孝

按：关于此谜，"撞车"（暗合）者众。成书于1891年的《隐林》，收录有编者郑永禧的作品："王允使布诛卓，布曰：如父子何（《书经》一）奉先思孝。"江陵李笠僧1931年出版的《谈虎百则》中言："灯社中有出前人之作，人皆轻之，以为非己作也，究不尽然。余初与蔡养朴、尹精甫同设灯社，予有'元夜夺昆仑'射《诗经》'以望复关'；'布曰：如父子何'射《书经》'奉先思孝'，自觉恰当。乃灯始出，即被射中。予固不敏，如知为前人所作，又岂屑复出哉。"吴克岐《犬窝谜话》记载："吾皖谜家，前乎凡民者，有歙县鲍恩绶，字印亭，著有《存吾真斋谜稿》一卷。光绪二年，京师西山主人，刊入《十五家妙契同岑集谜选》中。其佳者如：……'如父子何'（吕布语）射'奉先思孝'。"

恐因思路雷同者众多，故《跬园谜稿》未收此谜。

民国十二年，癸亥，公元1923年， 52岁

淮扬谜风接近，谜人互动频繁。该年春，清江浦谜社、竹西后社成员祁友蒙为孔剑秋《心向往斋谜话》作序。

余辛亥经变，避地来扬，初识君于借园张灯之时。一见如故，对于向出谜语，互相称道，盖以谜语神交久矣，此亦文字缘中一段佳话。扬州昔有竹西春社，一时称盛。君本其旨，创立竹西后社，集合同志至二十余人，支持风雅，谜学赖以不坠。同社以还，晨夕与共。每际开会，勾心斗角，选胜争奇，往往不谋而合，洵为谜中

知己。（祁友蒙《心向往斋谜话·序》）①

吾淮距扬一衣带水，分坍较射，旗鼓相当。传闻嘉道以来，淮人熏染邗风，嗜新赋、昭阳格。顾方言易变，异地难通，徐丈宾华、段丈笏林起而革之。（顾震福《商旧社友谜存·顾序》）

5月30日，《京报》刊发朱爱周"投书"——《我对于顾震福等"陇海路东段路线及辟港问题与苏人商榷书"之感言》。

夏，张起南题诗隐"淮顾震福竹侯"6字相赠。竹侯在《跬园谜刊三种·题词》首篇"附识"云："张先生味鲈籍闽而寓湘，著《橐园春灯话》……癸亥夏，张君捐馆（去世）前数月，犹以四言诗题赠……兹录同人题咏，因此为两先生（张味鲈、孔剑秋）绝笔，故弁诸卷端，藉以志感云。"

滑稽玩世，换骨通神；雅人深致，牙慧羞论。淮。君房妙语，方朔化身；嗟余颛顸，声欬难亲。顾。燕云在望，怅惘何云？相思晨夕，落日曛曛。震。悠然意合，如见远人；神龙善变，首尾难分。福。芜词赠答，离合成文。竹。输君喉舌，脱口流芬。侯。效孔北海四言离合体诗，隐"淮顾震福竹侯"六字。（张起南《跬园谜刊三种·题词》）

6月30日，竹侯在《国立北京女子师范大学周刊》第39期发表"诗"：《夜半闻警戒·壬戌》《送胡小石还武昌用胡君〈武昌楼夜〉韵》《迭韵寄小石》《南口谒长陵思陵》《八达岭》《临城》；"歌"：《女中学毕业歌》《赠别歌》《乐歌之欧化》；"曲"：《金缕曲·赠女高师音乐系》；"文"：《说诗词曲与音乐连带之关系》。

中华自古弦歌重

胡乐曾参用

---

① 陈楠整理：《扬州谜史文献集成》，广陵书社，2019年，第545页。

说甚么琴瑟鼓钟

说甚么诗词歌颂

你看那

胡琴　羌笛　筚篥　琵琶

那一件不是殊方种

又不见敕勒歌　捉搦调　金元北曲

俚辞千载犹传颂

况今环海便交通……

（顾竹侯《乐歌之欧化》）①

《北京女子高等师范文艺会刊》第 5 期发表《金缕曲·赠女高师音乐系》和《锦缠道·赠友人》。

同期"诗词"栏还刊发一组"竹侯漫稿"：《送胡小石还武昌用胡君〈武昌楼夜〉韵》《迭韵寄小石》《衰柳次秦湘渔韵兼寓乡思》《再迭自述》《迭韵感时》《女生诗选为雨所湿赋此率题》。

节届重阳，风雨满城淅沥，雁嗷嗷寒蛩唧唧，商声助我愁交集……幸同门订交，论文昕夕；更伤心明年今日，别良朋独返乡关，再思量往事，望断燕山碧。（顾竹侯《锦缠道·赠友人》）

《北京女子高等师范文艺会刊》第 5 期还发表《释艺》和《长沙罗女士敦健哀辞并序》。

《释艺》亦刊发在《国学丛刊》（南京）1923 年第 1 卷第 3 期上。此万余字的"专著"，共分《导言》《形体》《声音》《训诂》《意义引申之理由》《文艺与树艺之关系》六章。开篇即言："文字流传，愈衍愈变，于是有正俗体，有古今音，有本义、引申义之不

① 《国立北京女子师范大学周刊》，1923 年 6 月 30 日，第 15 版。

同，此小学中之通例也；而文艺二字为尤甚。"

刘梫卒。竹侯与关颖人、宗子威等社友作挽诗哭之。

皮陆同时负盛名，寒山剪烛听钟鸣。短衣匹马长安道，校射尤推李北平。刘剑侯、宋敦甫皆寒山社友，北平射虎社初创时提倡尤力。（顾震福《感逝诗》）

宋敦父。易实甫。陈公仆。曾伯厚。皆宿草，更为君故一吞声。瓮脐忍忆冯晖问，君末次到寒山社，题为"蟹·脐"分咏，曾讯余冯晖事。**经卷休提李煜名。**稊园钵题为"李后主写《心经》"。君后主名都忘，知病已深矣。**秃笔屡停思不属，异书借到眼犹明。**君末次访余，尚借书数册。**将军猿臂垂垂老，射虎谁知旧北平。**君工于射谜。（子威《哭剑侯同社（四之一）》）①

按：刘梫（1866—1923），字剑侯、建侯，号懋功，湖北崇阳人。晚清举人，曾任内阁中书、河南候补道、直隶提学使。民国初年，担任过政事堂（国务院）存记、交通部编译处主任。1907年曾自费赴日考察，著有考察日记《蛉洲游记》。为寒山诗钟社、北平射虎社、隐秀谜社骨干。《铁路协会会报》曾载其《弗措斋谜话》长文。

11月10日，范冕卒。

按：范冕（1841—1923），字丹林、少城，淮阴拔贡生，持白公丽正书院弟子。谜家，清江浦谜社成员，有《范氏隐书》遗稿，收其谜作四千余则，1991年由其重孙范震先生于台北文史哲出版社影印出版。著有《清河县志》续编十二卷、《淮阴近事录》二卷、《淮韵略》五卷、《联存》一卷、《集谚联》一卷等。

---

① 《铁路协会会报》，1923年第127—129期，第219页。

　　子逝后，范冕教育三个孙子成才。其孙范希曾（未研）、范尉曾（耕研）、范绍曾（农研），被称为"淮阴三范"。他们均毕业于南京高等师范学堂，又都勤奋学习而学业优异。尤以范希曾博览群书，补缀前人之未逮，所著《书目答问补正》，为古籍目录学继往开来作出贡献。淮安市清江浦区现有三范故居纪念馆。

　　收陈中凡惠赐《国学丛刊》，寄函致谢，并告北女高近况："文艺研究会尤若存若亡。前日旧同学开会欢迎新会员，教职员工中之与会者仅仆一人，新旧学生亦仅到二十人。废弛情形，可以想见。"①

竹侯手迹

　　① 吴新雷等编纂：《清晖山馆友声集·陈中凡友朋书札》，江苏古籍出版社，2001年，第586页。

岁末，接到两个儿子来自美国的平安家书，作《雪夜》：
"……文字清陈债，乡亲话比闾。余闲寻骨董，又复罄囊储。"

民国十三年，甲子，公元1924年， 53岁

正月初七，游北京白云观，作诗《人日游白云观》。

4月16日，鲁迅遇见竹侯。《鲁迅日记》："晚往女师校文艺研究会，遇顾竹侯、沈尹默。"①

参与学余社游艺会灯谜活动。

铁路协会附设之学余社……张君郁庭、宗君子咸皆会中职员，每代招会外之隐君子，携谜来会，共同娱乐……虽至隐秀散社后，迄民国十三四年，协会迁至府右街，仍未间断。每值开会，予皆在被邀之列，惜不似前社油印成编，事过易忘，莫窥陈迹。（《顾竹侯灯窗漫录稿本·学余社游艺会》）

4月18日，杨荫榆校长发函，请竹侯代理北京女子高等师范周刊部部长。

竹侯先生鉴：代理周刊部长。许诗荃先生因原任职务过繁，且近来多病，迭辞周刊职务。由榆面托先生兼代，已蒙照允。现在周

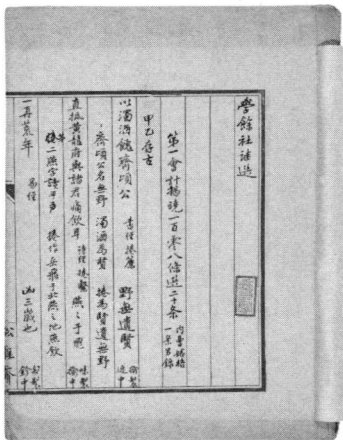

张郁庭手书的《学余社谜选》

---

① 鲁迅著：《鲁迅全集》（第14卷），人民文学出版社，2005年，第493页。

刊亟待核办，即乞先生于本日就职接办。（杨荫榆《致顾竹侯先生函》）①

北京国立女子高等师范学校改名北京女子师范大学。4月27日，《国立北京女子师范大学周刊》从第64期开始，竹侯在第2版"研究"栏连载《女师考》，至第80期续完。

我们中国古书上，从来没有把女师的名义、职务、校舍、教科、课本、事迹等项，详详细细，原原本本的，说出一大篇来……现在要把那散见各书上的女师，合拢起来。分条段，分次序，考证一番，评论一番，做出有系统的一篇文章，是很不容易的。（顾震福《女师考》）②

6月22日，《国立北京女子师范大学周刊》第72期发表竹侯《词话》。③

《北京女子高等师范文艺会刊》第6期发表考证《尔雅说文之异同》《汉初左氏经传考》以及诗词《读黄璧元诗用秋夜原韵却赠》。

张起南（味鲈）卒。

社散灯残又几春，囊园梦影渺前尘。四言离合劳题赠，那称东方比化身。永定张味鲈著《囊园春灯话》，寄赠离合诗有"方朔化身"句。（顾震福《感逝诗》）

与周作民、谈荔孙、罗振玉等成为大陆银行倡导筹建江北慈幼院发起人。

吾淮……迨黄河徙而河防撤，海运开而漕运废，津浦路通而商

---

① 《国立北京女子师范大学周刊》，1924年4月20日，第1版。
② 《国立北京女子师范大学周刊》，1924年4月27日，第2版。
③ 《国立北京女子师范大学周刊》，1924年6月22日，第4版。

业他迁，四民失业，相对愁叹……兹纠合同志创设江北慈幼院一所，藉收贫苦子弟以养之教之。（《大陆银行倡导筹建江北慈幼院函》）①

9月，寒山诗钟社元老罗敦曧（瘿公）卒。

瘿公风调自清妍，日伴云郎醉管弦。岁岁西山山下过，几人腹痛为桥玄。岭南罗瘿公为歌郎程艳秋延誉，积诗词盈尺。病革遗命葬西山，题"诗人罗某墓"。（顾震福《感逝诗》）

杨荫榆母亲去世。作《杨母顾太夫人挽诗》（七古）刊登于《国立北京女子师范大学周刊》。②

11月底，移居绒线胡同新寓。

钱南扬以"钱九"名，继上一年在《半月》春节号上撰写《新年谜话》后，又在该刊1924年第3卷第10期发表长达7页的《春灯余话》，有一段评析了《隐秀社谜选》，认为"颇多饶有兴趣之作"。竹侯作品"都掇在眉尖上（《诗经》）帝省其山"，被评价为"想入非非，尤足令人解颐"。

顾翊群学成回国。他三年考获3个学位：俄亥俄州立大学经济学硕士、纽约大学会计学硕士及工商管理硕士。除夕，全家在京度岁。

屠苏酒又醉长安，客里情怀强自宽。且喜惯离儿女聚，经、群两男及娴女皆久离膝下，今俱在京度岁。况联久坠弟昆欢。敦甫族兄适自淮来。新莺刚觉乔柯乐，前月杪甫迁绒线胡同新寓。老马浑忘世路难。只惜山妻羁沪渎，未能同座饱辛盘。（顾震福《除夕》）

---

① 黑广菊、刘茜主编：《大陆银行档案史料选编》，天津人民出版社，2010年，第421页。
② 《国立北京女子师范大学周刊》，1924年11月23日，第3版。

民国十四年，乙丑，公元 1925 年， 54 岁

2 月 25 日，铁路协会新年团拜会，"灯谜系晚上七时起举行，佳制甚多，猜者拥挤"。竹侯与张郁庭、孔剑秋等人提供谜题。

邵子占易（《蒙经》）知某数

烧鸡（四子，解铃）非恶其声而然也

摩云殿翅（泊人）凌振

庚斯追郑（《书经》）公将不利于孺子

（《灯谜·本会团拜会·顾竹侯制》，《铁路协会会报》第148—149 期）

《铁路协会会报》1925 年第 148—149 期载《本会纪事：诗钟（本会团拜会）：婢曹六唱》，多为隐秀谜社社友作品，包括顾竹侯、张郁庭、高步瀛等，其中竹侯诗钟为："东门酒共吾曹饮，西塞茶教小婢煎。"

3 月 1 日，在《国立北京女子师范大学周刊》第 4 版发表一组谜作。

阅接付丙（韩文）火其书

刀刀（《孟子》）比其反也

消寒宴会（《三字经》）能温席

前门外东西车站（京戏目）汉津口

用（范仲淹文）连月不开

女状元（《三字经》）争汉鼎

军（唐五律）挥手自兹去

一叶下新秋（《千字文》）梧桐早凋

昱（《诗经》）下上其音

熏风扬热气（京地名）南火扇

芒刺在背（昆剧）负荆

吕布杀董卓（新名词）戟刺

微之诗思谁同调（词牌，卷帘）齐天乐

腰缠十万贯（《大学》）以身发财

大树将军（《三字经》）众称异

仰之弥高钻之弥坚（"水浒"绰号）云里金刚

有马同骑（"水浒"绰号）双鞭

茶烟（"红楼"人）焙茗

乃所愿则学孔子也（《百家姓》）乐于时传

曹丕刘备二分天下（新名词）三权鼎立

宜佩六国相印（"红楼"人）秦可卿

双官诰（"聊斋"目）封三娘

今其室十无四五焉（韵目）一屋

三七（韵目）十药

沉鱼落雁（唐五律）寄书长不达

伯姬归宋（唐七古）老大嫁作商人妇

洪水泛滥（新名词）浪漫

寄书收到（新名词）发达

凡音之起由人心生也（字）億

本日演员何以不拘（《孟子》二）此无他，能与民同乐也

长夏消残一局棋（四书人）奕秋

入其室则无人焉（新名词）空间

海上涛头一线来（"水浒"绰号）浪里白条

名刺生毛（新名词二）片面、破坏

元龙百尺（范仲淹文）登斯楼也

云谁之思西方美人（词牌）忆秦娥

一乡皆善士（外国人名）阿里士多德

泥中印爪痕（"红楼"人）云雁

钓竿（《三字经》）丝与竹

（顾竹侯《灯虎》）

《国立北京女子师范大学周刊》

按：这组作品因面向师生，有两大特点。一是显浅易解。如："用（范仲淹文）连月不开"。二是新名词入谜，别开生面。如："入其室则无人焉（新名词）空间"。

谜底"此无他能与民同乐也"，查现版本《孟子·梁惠王下·庄暴见孟子》为："此无他，与民同乐也。"外国人名"阿里士多德"底，"士"字"露春"，系病谜。另外，"水浒"绰号"浪里白条"，《跬园谜稿》内尚有另一谢朓诗句的谜面："澄江净如练"。言长江里有白练。亦佳制。

3月8日，《国立北京女子师范大学周刊》第4版刊发小逸的七言咏物诗《煤球》，竹侯有《和作》及《前咏煤球讽刺太苛于其雅谊苦心未免末杀改弦叠韵再成两章》。3月15日，再发《再叠前韵》《三叠感时》。其中《和作》的前4句，后经改动收入《跬园谜稿》卷六：

圆滑趋炎术最工，熏人臭味古今同。若非藉手搓磨力，怎得累累顶戴红（用物）煤球

卷六中此类的咏物谜，尚有鞋拔、风箱、留声机、球拍等。

5月3日，参加饯别会，为毕业学生送行。

女师大本年暑假应行毕业各生，已定本月二十日出京参观学校。该校校长杨荫榆，特定于昨日（三日）午后三时，在该校大礼堂茗谈叙别。计到会者，教授方面有顾竹侯等二十余人。（《女师大昨开饯别会》）①

北京女师大闹学潮，学生欲驱逐校长杨荫榆，杨坚不辞职，教育部派员调查。5月12日，参加女师大为此召开的师生联席会议。

昨日午后二时，女师大学生自治会召集师生联席会议，计列席者，教职员方面有马裕藻、顾震福、李泰棻、孙悦亭、吴沆、吴迅如等二十余人。首由学生报告者，次驱杨经过，并要求在职各员维持教务。（《女师大召开师生联席会议》）②

5月31日，《国立北京女子师范大学周刊》刊发女师大学生高晓岚《赴美期近离国在即惧学识之肤浅报国何从怅师友之暌违亲教无日爱书所感即向壬戌国文部诸师长学姐告别》七律两首，竹侯同刊《次韵赠别》。师生吟别，"辛酉送苏、林二女士赴法，癸亥送

---

① 《社会日报》，1925年5月4日，第4版。
② 《申报》，1925年5月16日，第11版。

刘女士赴美，今又送高君，计已三次"，感叹"好从骊颔探珠光，五年三见送西征"。

6月7日，在1925年第110期《国立北京女子师范大学周刊》发表五言诗《寿陈斠玄尊公章甫先生八秩》。

6月29日，据《卞白眉日记（卷一）》记载，竹侯夫妇在中央公园散步，偶遇卞白眉。

是夏，竹侯辞去国立北京女子师范大学教务。女师大学生《文艺观摩录·文艺会刊十六周纪念刊》选录成册，赋诗一首代序。此诗可谓是竹侯七年女师教职的总结与回望，既有育人成才的欣慰，亦含对教育乱象的无奈。

七年姆教助黉宫，先后高材萃此中。椒颂絮吟才子笔，伏经班史旧家风。绛纱幔里推都讲，黄绢碑阴悟妙工。艺圃迩来渐芜杂，畹兰山桂幸成丛。（顾震福《女校诸生印有〈文艺观摩录·文艺会刊十六周纪念刊〉选录成帙题此代序》）

经保定、彰德，到新乡二儿翊经处，时翊经任上海阜丰面粉厂分厂——新乡通丰面粉有限股份公司副经理。又经开封到南京女婿杨瑟君处。"汴归车破，宁归兵阻，幸皆无恙"，平安返乡。①

9—11月，杨毓瓒任江苏省烟酒事务局局长，顾翊辰任副局长。②

10月16日，在南京拜访毛乃庸。③

甘泉毛元征明经，乃庸。有隽才，文仿阳湖，诗派近两当轩，

---

① 顾震福著：《跬园诗钞》，台北佩文书社，1960年，第155页。
② 程叔度、秦景埠总纂：《烟酒税史（上）》，大东书局，1929年，第671页。
③ 潘德舆等著、朱德慈整理：《潘德舆家书与日记（外四种）》，凤凰出版社，2015年，第197页。

久侨吾邑。君素与友善，至是更唱迭和，号逍遥后生，成《逍遥斋诗草》若干卷。其《勺湖晚眺》《跬园赏菊》诸什，予曾一再酬之。（顾震福《商旧社友谜存·韦袖东东川合传》）

段朝端卒，享年83岁。

吾乡先辈徐丈宾华（嘉）、段丈笏林（朝端）招集同好设隐社……段丈，邑廪贡生，署甘泉训导，著《椿花阁诗存》《续纂山阳县志》，别号蔗湖，晚年称蔗叟，皆予父执，常随侍奉教，知之甚稔。（《顾竹侯灯窗漫录稿本·隐语鲭腴》）

淮山文献搜罗久，垂老犹能续楚书。蔗本未甘椿树萎，跬蹊谁复话茶余。段丈蔗叟箸《椿花阁诗集》，续纂邑志，编《跬蹊丛话》。（顾震福《感逝诗》）

按：段朝端（1843—1925），字笏林，号蔗叟、蔗湖退叟，病足后又名"蚓"。清末淮安文坛名人。一生著作达40种之多，由于无力印行，身后多散失。主要有《南游笔记》《椿花阁随笔》《椿花阁诗集》《淮人书目小传》《淮苑》等。

至此，淮安隐语社那一代谜人"强半凋零"。

时异势殊，迭经迁变，虎痴宿将，强半凋零；蠹蚀隐书，又多放失。重以三传束阁，论语代薪，数典胥忘，遑论斗智。及今学子，语以前人游艺，有如许之别一境界，已瞠目不知所谓，况后此乎！（顾震福《跬园谜稿·自序》）

同年，诗友胡璧城去世。

安国声名噪两淮，半生橐笔客天涯。倘非老友多风义，诗集谁传知困斋。歙县胡夔文同年，著《知困斋诗存》，殁后由故友代刊。（顾震福《感逝诗》）

按：胡璧城（1868—1925），字夔文，安徽泾县人。光绪丁酉科举人，毕业于京师大学堂师范馆，寒山社成员，授中书科中书。1912年任安徽省临时议会议长。

作《岁除》。记录"半载消闲稍自在（是夏方辞女师教务），连番脱险竟如夷"。

是年，天才灯谜少年韩振轩（英麟）不幸病故。

按：韩振轩（1906—1925），字英麟，祖籍辽宁，生活在北平。十余岁便崭露头角，被誉为谜界神童，北平射虎社成员。《云龙雾豹》谜刊主编，著有《小琅嬛仙馆谜话》《增广隐格释例》《古今隐语集成》等。其父韩光奎，字绍衡，一作少衡，北平射虎社社长；祖父韩梓衡，亦嗜文虎；其妻也是谜人。真可谓三代虎将、灯谜世家。

民国十五年，丙寅，公元1926年，　55岁

在《国学专刊》1926年第1卷第3期发表《苍梧璞真李女士哀辞（并序）》。

7月，郝砚樵逝世，竹侯撰挽联："秦淮泛舟易水歌风泥印久销沉犹冀乡间重把晤；鲁连解纷郑侨捍患时艰还俶扰那堪耆旧遽凋零。"又作有诔辞。后皆被收入1928年印行的《郝砚樵先生哀挽录》中。

隐情惜已暮蝉寒，谁为乡间策治安。救济灾荒免徭役，当年几度济艰难。曹甸郝砚樵被举众议员，会散归里，于故乡危难救济甚力。（顾震福《感逝诗》）

按：郝崇寿（1874—1926），字砚樵，淮安曹甸（现属宝应）人，清光绪郡贡生。热心公益，办学兴教，不遗余力。民国七年，

被公举为北洋政府安福国会众议会议员。逝世后，黎元洪、徐世昌等撰挽联。

9月，张叔驯等人创办中国第一个钱币学研究团体——古泉学社，竹侯与罗振玉、袁克文等人为该学社的"评议员"。①

10月，长子翊辰辞去财政部秘书职。

财政总长顾维钧呈署秘书顾翊辰恳请辞职，应照准。此令。（《大总统令》）②

消寒会宴请谜社社友。拟撰《泉货通释》。

忽忽又经年，书迂习未捐。重披经籍志，略释汉唐泉。搜考古钱拟撰《泉货通释》。雪后寒弥重，城开道更便。新辟和平门，距寓咫尺交通益便。**招邀谋共醉，鱼脍正新鲜。**时有以松花江白鱼向饷。（顾震福《消寒会柬社友》）

方焕经想将薛宜兴谜作结集出版，薛拟书名为《淮上两孝廉谜语录存》。

岁丙寅，予请于少卿曰："君性不谐俗，命不逢时，交友偏南北而莫之援手，文字积邱山而无以济贫……谜语非小道也。吾将刊君谜语以行世，君意云何？"少卿曰："吾谜多偏锋，顾君竹侯正宗也。倘能合刻，附顾君以传，则幸甚矣。"（方焕经《凡民谜存·方序》）

北平大陆银行总裁谈荔孙募集10万银圆，创办了淮安第一所慈善教育学校——江北慈幼院。

按：江北慈幼院1932年因战乱停办。此后，在其旧址上先后

---

① 《申报》，1926年10月7日，第19版。
② 《财政月刊》，1926年第13卷第155期。

办过淮安县初级中学、中山小学、瞻岱小学、淮安师范附属小学，2003年定名为淮安市楚州实验小学。

是年，况周颐卒。

按：况周颐（1859—1926），原名周仪，字夔笙，号蕙风，广西临桂（今广西桂林）人。清末民初著名词人、谜家。官至内阁中书。著有《辛巳春灯百谜》《蕙风词》《蕙风词话》等。晚年客居上海，酷嗜灯谜，为萍社成员。丁卯社成员伦灵飞系其女弟子。

民国十六年，丁卯，公元1927年， 56岁

2月，陈中凡著的中国首部韵文文学史《中国韵文通论》由上海中华书局出版。在第七章《论唐人近体诗》参考书目中，把竹侯的《诗学》列为诗评类书目。

3月2日，丁酉同谱在稷园水榭宴集，作诗感叹"卅载秋风余短鬓，几人春梦醒明时"。

4月6日，李大钊被捕。

孙祥偈受李大钊案株连，后重获自由，回女师大，再到顾宅拜访。老师有感而发"老生谈"。

祢生岂高狂，秦法太严峻。监谤正烦苛，临文况不慎。疑似竟株连，一网几打尽。闻道放还山，师友急问讯。形容略消瘦，风采犹英隽。我有老生谈，窃愿式古训。君子在见机，危邦贵言逊。世途陷阱多，慎勿以身殉。（顾震福《苏荃回师大校过访志感》）

按：孙祥偈（1903—1965），字苏荃、松泉，安徽桐城人，谭平山夫人。1921年考入北京女高师，曾任北平《朝报》《新晨报》副刊主编，北平市第一女子中学校长，"一二·九"北平学生大游

行的两个总指挥之一，河北大学、山西民族革命大学教授。1943 年参加发起中国民主宪政促进会，任常务理事兼妇女委员会主任委员。1945 年参与组织三民主义同志联合会，为发起人之一。新中国成立后，任国务院参事、九三学社中央委员、全国政协委员等职。著有《汉风俗考》《逸斋诗草》《生命的火焰》《荪荃词》等。其《沁园春·雪》和词，获毛泽东称赞。

4 月 28 日，李大钊等革命烈士于北京被害。女师大学生陶玄与吴弱男前去收尸并装殓，还为其遗属募集、管理赡养费。①

丁卯社成立。

创于民国十六年，旧历岁在丁卯，因名曰"丁卯社"。发起人为故都寓公子两粤人士，即顺德黎六禾、番禺林策六、杜鹿笙、桂林陈勉安、周公阜诸先生。而北平李成伯、荪仲昆季、无锡施杏初三君，亦力为襄赞。常年会费二元，月费五毛。其初不过数人，嗣少衡、心朴、郁庭、子乾、蟹鲈及予相继加入。（《顾竹侯灯窗漫录稿本·丁卯社》）

4 月，首都即将南迁，丁传靖、夏仁虎、田步蟾等同学宴集。作诗《孟夏假稷园水榭偕闇公蔚如斐猗彤士仲云桂舫诸同年公宴时都城即南迁有远行者并以赠别》《稷园观芍药有感》。

中郎绮巧题黄绢，曼倩诙谐射守宫。此是庾词真法乳，一般妙绪古今同。

芷畦蔗圃分吟席，诗谜当年盛两淮。清季吾邑刘丈芷香、邻邑山阳段丈蔗叟，分设谜社，社友甚多。心有灵犀一点通，春宵灯火焕天街。

家学交推大小苏，枕经葄史号通儒。文人余事饶风雅，一勺波

---

① 杨琥著：《李大钊年谱》（下册），云南教育出版社，2020 年，第 831 页。

曾挹勺湖。山阳阮太史裴园辟勺湖书塾会文，君先公持白年丈，亦以翰林于此课士，成就后进甚多。

诸子才华迥轶伦，钩心斗角出清新。淮坛燕社双超绝，留此零缣示后人。（田步蟾《跬园谜刊三种·题词》）

按：田步蟾（1867—1944），字桂舫，一字倜生，世居清江浦运河北岸西街。丁酉科选拔第一名，光绪癸卯科二甲第十九名进士，民国先后任北京政府农商部垦牧司司长、农务司司长、渔牧司司长，又任陕西、山东省实业厅厅长，山东省政务厅厅长、北洋政府内阁实业部次长。为清江浦谜社后期的重要成员。诗注中"吾邑刘丈芝香、邻邑山阳段丈蔗叟，分设谜社"，指的是刘芝香和段朝端、清江浦谜社和淮安隐语社。

夏，亢榕门卒于北京西单白庙胡同大同公寓。其岳父王镕之（韬叟）是徐嘉的学生，与竹侯系同科中举的文友，闻噩耗来京整理其遗物，"检行箧，卷轴精品强半散亡，售所仅存，始得归孥费"。与竹侯谈及其人其事，"皆唏嘘惋惜不置"。[1]

渔隐鲭腴众妙该，徐师宾华、段丈蔗叟，刊有《隐语鲭腴》。蜣阶翻样出新裁。何丈庚香著有《蜣阶庼词》。流风未沫乡先辈，又见跬园斗智来。

昆山经学绍家风，起凤腾蛟气吐虹。君承持白年丈庭训，邃经学，富文章，著作等身。别有雕虫余技在，珠穿九曲倍玲珑。

艺文刚纂山阳志，为阐幽光大有情。吾邑《艺文志》，载乡先辈诗、古文辞，近甫出版。春谜又传商旧社，淮安七子亦驰名。

诗书灰烬渐无征，腹笥便便更孰能。故里故都感今昔，销沉岂

---

① 高伯瑜等编：《中华谜书集成（三）》，人民日报出版社，1997 年，第 2950 页。

独打春灯。(王镕之《跬园谜刊三种·题词》)

按：关于亢榕门去世地点，《中华谜书集成》(三) 第2950页，所载《跬园谜刊三种·商旧社友谜存·容园谜存》中的《亢兴北传》句读有误："丁卯夏殁于大同公寓，年四十六。"误为"丁卯夏殁于大同。公寓年四十六。"

民国十七年，戊辰，公元1928年， 57岁

3月，在稷园赏牡丹，作《稷园看牡丹花》。有"今年春仲逢闰余，未及清明蓓蕾绽……含苞豆绿尤娇慵，独卷芳心遮半面"句。

5月，庐隐任京师公立第一女子中学校长的《女一中季刊》第2期出版，竹侯有文助阵。

5月19日，《黄报》第4版刊发涵宇《稷园看牡丹步竹侯词兄元韵》，有"刚刚时近展重三，魏紫姚黄偏上苑……竹侯豆绿爱含苞，不复桃花感人面"句。

5月23日，《黄报》第4版刊发竹侯为施涵宇六十大寿写的《题泉山聚寿集用赐和看牡丹花诗原韵录呈涵宇词长暨续宇先生哂政》。同版还有颖人(关赓麟)的《涵宇先生属题聚寿集》。

夏，再游东北会儿孙。有诗纪游：《再游大连辰经威诸男远道来迓随侍两日复别辰威东去》《南满道中》《滨江住经儿寓遣兴有作》《健孙到哈改着西服示以勉之》《奉天吊张上将》《东省怀古》《北陵》《营口寓威儿东路商廨排律十二韵》。

7月，钱南扬《谜史》作为"民俗学会丛书"之十一，由中山大学语言历史学研究所出版发行。

仲秋，妻子孙多康六十大寿，作七律四阕《仲秋内子六秩赠此慰劳》，中有"凭将励志师兼友，教到成材子又孙"句。

按：据顾翊群《勺湖课子图·缘起》记载，孙多康1945年春在上海去世。

"况逢佳节聚异客，菊花香里倾樽罍。"重阳节，翊辰"四旬初度"，翊威邀其兄来"置酒为寿"，竹侯作诗《辽河九日示辰威》。

9月，婿杨毓瓒卒于战火中。

杨九翩翩玉润姿，营邱画法义山诗。无端骏骨埋荒外，长忆辽阳话别时。长婿泗县杨瑟君，才艺名一时，以从军山左殉难。（顾震福《感逝诗》）

按：杨毓瓒（1893—1928），字瑟君，系曾任北洋政府邮传部大臣的杨士琦嗣子，顾翊徽丈夫。诗书画都有造诣，《石遗室诗话》称其"年少美才，诗学玉溪但不多见"。与其父杨士琦、伯父杨士燮、岳父顾竹侯同为寒山诗钟社社员，堪称文坛佳话。他在其妻顾翊徽遗稿《熙春阁遗稿》跋中的联句："今夕只谈风月，有甚于画眉；他年偕隐湖山，喜能为椎髻。"被易顺鼎赞曰"真才语也"。杨士琦、杨士铨、杨士聪曾在丽正书院就读于持白公门下，故顾翊群说"有通家之谊"。在北平国务院印铸局任主事期间，与易顺鼎、顾翊辰时与唱和。

徐钟恂卒。竹侯等谜友、文朋为其送行，并在淮安彩云道社举行"扶乩降笔"仪式。竹侯在后一年的《朱潞生亦奇昆仲邀同南村华东夜集于彩云道社》诗中回忆："社友徐绍泉归道山后，曾于此降笔。"

花隐清才比遁翁，联吟射覆久同工。自经世事兼家事，佳趣销沉太史公。徐少泉同年遁叟令侄，著《花隐诗存》《佳趣轩谜稿》，壬子后家国多

故，悒悒而卒。（顾震福《感逝诗》）

按：徐钟恂（1866—1928），字绍泉、少泉，为徐宾华之侄，持白公主讲丽正书院时的学生；光绪甲辰进士，后留日学法学，历任大清银行秘书、江北高等检察厅厅长等职；曾与舒曼莲、龚寿臣、沈印潭等人张灯悬谜；在淮与顾震福同为商旧谜社社友，后随顾入北平射虎社、隐秀谜社。其谜作工巧，人皆叹服，著有《花隐诗存》《时得佳趣轩谜存》（为《商旧社友谜存》之一卷）。

收藏家杨啸谷招饮，为杨著作《东瀛考古记》题诗答谢。

除夕，又作《除夜》诗，记"自迁都后赁宅减租（香山静宜园来青轩重建，竹侯'赁有数椽'）；孙男女入中小学达十人，岁杪各以成绩及格报告"。

竹侯夫妇与翊群一家

民国十八年，己巳，公元1929年， 58岁

春，孙师郑继室张惠芬去世，呈诗慰问。

从文津阁四库中录宋淮人王洋《东牟集》。又从故宫"天禄琳琅"中录明淮人吴承恩《射阳存稿》，并在纪事诗中注："《山阳志遗》称《射阳存稿》四卷续稿一卷刊版不存，今故宫亦仅存原稿，无续集。"

间过厂肆，古今泉币，新旧书籍，收集颇多，并从文津阁四库书中抄录南宋淮人王洋《东牟集》。又，图书馆天一阁藏本中迻录明嘉靖《清河县志》，皆久经失传孤本也。（《顾竹侯先生讣告·行述》）①

前妻兄弟韦也泉去世，赋诗悼念。

羁末交群游，前尘忽卌年。风凄庭絮咏，水冷泮芹寒。继韶与予同谱，君昆仲亦先后入学。虎社稀灯火，袖东、东川皆曾共春社。鸾坛歇篆烟。君家文通寺曾设乩坛。一经闻克守，门荫自绵绵。（顾震福《挽韦也泉（之二）》）

在天津拜访同是古泉学社评议员的古钱收藏家方若，玩赏其古泉珍藏，赠诗一首《天津赠方药雨兼柬藏泉诸同好》，"方侯癖更深，藏弆愈精博。示我古刀布，旁及汉唐作。上下五千年，宝货纷交错。旧谱多失收，奇异足惊愕"。

按：方若（1869—1954），原名方城，改名若，字药雨，别号古货富翁，浙江定海（今浙江舟山）人，寄居天津，喜欢收藏，尤

---

① 刘家平、苏晓君编：《中华历史人物别传集》第82册，线装书局，2003年，第284页。

喜古钱。以古钱藏品数量之巨、精品之多而蜚声海内外，著有《药雨古化杂咏》等书，与张叔驯、罗伯昭并称三大古钱收藏家，有"北方南张西蜀罗"之称。为《天津日日新闻》主笔，也是淮人刘鹗、罗振玉的好友。刘鹗应方之邀，续写《老残游记》十五至二十卷六回，并改写原作卷十后半部分及卷十一全部在其报上连载。

冯沅君经陈中凡介绍在上海暨南大学任教。竹侯与老友陈中凡及冯沅君等女弟子连日宴饮欢聚。

宣文曾共绛纱帏，班左风徽怅久违。千里乡心鲈作脍，十年秋影雁纷飞。孟公豪饮能同醉，道韫清谈善解围。明发征车还北上，江天回首雨霏霏。（顾震福《陈斠玄张耀翔暨沅君学静定秀俊英诸女弟子排日集饮沪肆》）

曹经沅《移居城东》面世，广邀师友唱和。据中华书局《艺林散叶》记载：和者三百余家，传遍诗坛。竹侯应邀而作：《和曹纕蘅（经沅）〈移居〉韵》；同时期，还作有《稷园白牡丹盛开纕蘅秋岳释堪味云诸先生皆限"盐"韵赋诗仿作两首》。

按：曹经沅（1891—1946），字镶衡，室名借槐庐，四川绵竹人。为南社成员。民国后就读于中华大学，获法学士学位。历任北洋政府内务部科长秘书、临时执政府秘书、安徽省政务厅厅长、内务部参事、安徽省政府秘书长、国民政府军事委员会委员长、南昌行营参议、行政院简任秘书、蒙藏委员会总务处处长、贵州省政府委员兼民政厅厅长、立法院常务委员等。之后主持国民大会代表联谊会，并主编《国闻周报·采风录》。著有《借槐庐诗集》。

回乡。见到商旧谜社社友叶尔龄，叶虽愈发落魄，但"语及射虎，见猎心喜，豪兴不减当年"。故竹侯在两年后为其撰的《叶罱亭传》中感慨云："文人结习，洵未易忘哉！"

叶尔龄，字鹤亭，一字嚣亭，山阳人……君以沈酣典籍，不善治家人生产，渐中落。又累应小试不售，益惷惷，人或目为狂。（顾震福《商旧社友谜存·叶嚣亭传》）

跬园游息处，策杖急经过。修竹绕墙少，乱蓬当户多。琴书重整理，泉石暂摩挲。丛桂如招隐，飘香旁涧阿。（顾震福《回里（之二）》）

与何伯陶、何子久昆仲泛舟河下，宴集文楼，诗赞"岿然惟有文楼肆，依旧开樽酒不空"。

读乡先辈诗集，计有：潘德舆《养一斋诗集》，鲁一同《通甫诗存》，丁晏《颐志斋诗集》，高延第《涌翠山房诗集》，徐嘉《味静斋诗集》，段朝端《椿花阁诗集》。

邠老博洽才，闻道遂返约。束身务谨严，摛辞戒浮薄。偶尔发浩歌，要皆不苟作。闲评李杜诗，著有《李杜诗话》。臧否曾商榷。（顾震福《潘四农先生〈养一斋诗集〉》）

按：这组诗在一位少年心中埋下了"诗心"，结下了文缘，延续了文脉。顾翊群在《重印〈养一斋诗词集〉序》中说："余少时读先君子《跬园诗钞》，中有《读乡先辈诗集》诗五律六首，以《养一斋诗集》诗居其首。"1971 年 1 月，顾翊群将《养一斋集》中的诗词与赋体文，交台北文景书局"影印流通"。

昆山注顾诗，丈在昆山教谕著《顾亭林诗集笺注》。诗思自雄隽。杜陵根格律，阮亭摹神韵。及门多英材，嗣响播声闻。予亦荷提撕，步趋无寸进。（顾震福《徐丈宾华〈味静斋诗集〉》）

蔗湖富撰述，余力事文藻。逸兴侪放翁，长歌抗坡老。感事秦中吟，养病茂陵稿。耄年自写定，幸见付梨枣。（顾震福《段丈蔗叟〈椿花阁诗集〉》）

为段朝端《丽泽觞咏图》题诗两首，并题注云："吾淮远香酒肆旧为丽泽书塾，韦石杉外舅暨丁马朱段诸先生觞咏地也。比以老成凋谢，里人于其地设位祀之。"

销尽青襟旧酒痕，旗亭犹借杏花村。一泓秋水流遗泽，四座春风感及门。北海樽开传雅集，南丰香蒸沁诗魂。王筠谬许饶丰韵，沈约谓王筠风韵似外祖。斋白题碑愧外孙。是图亦有辰儿题句。

仓桥东望抹烟痕，写出沧洲抱水村。是处曾名小沧洲。摩诘辋川新画本，河汾讲席旧师门。同治间上元王善之孝廉来淮，诸先生皆从肄业。酒垆如见黄公肆，邻笛空招楚客魂。剩有楹书堪世守，籯金胜似付儿孙。（顾震福《〈丽泽觞咏图〉依蔗叟韵奉题》）

（1912 年）四月，顾翊辰在清江与其表弟韦联榀相遇。韦是韦福安的孙子，他收藏了这幅图。他将此图出示顾翊辰，并请他在上面续题。他"步段蔗老原韵"的诗云："展卷凄然认雪痕，萧疏如见郭边村。已非洞鹿开黉舍，况更羊昙哭寝门。先辈遗风留梦影，当年佳话剩诗魂。吉光片羽应珍重，比拟楹书付子孙。"此诗收在他的《蟫庵类稿·蟫庵诗草》中。（刘怀玉《小沧洲与远香草堂》）①

10 月，谢会心《评注灯虎辨类》由潮安梁矿轮印务局印行。

为汪澄伯所藏《勺湖消夏图》题诗两首，并在"卷中师友半凋零"后注云："本卷题词诸公段蔗丈陈琴丈及蘅圃绍泉叔武伯延景韩凤书虎侯诸世好先后谢世。"

按：关于《勺湖消夏图》作者，文史专家刘怀玉先生在《淮

---

①　江苏省政协文史资料委员会、淮安市政协文史资料委员会：《江苏文史资料》第 72 辑《附录·淮安文史资料》、第 15 辑《淮安名胜古迹》，1997 年，第 221 页。

安园林》中介绍，"据说出自梁公约的手笔"。创作时间为 1918 年。竹侯在上诗"旧游如梦十年经"后自注："是图成于戊午距今已十年外。"后世下落：《淮安文史资料》第 14 辑《1956—1996 淮安政协四十年》记载，"汪澄伯委员遗孀献出了有众多地方知名文人题咏的《勺湖消夏图》（现存城建局）"。

冬，诗贺杨士骢六十寿辰《寿杨芰青伉俪六秩排律四十韵》。回忆少年交往："记我趋庭际，逢君侍坐旁。每当会文艺，屡见冠门墙。"同社切磋："旧雨鸣莺社，秋风逐鹿场。机云恒过从，经传互参详。"因杨士骢为女婿杨毓瓒的八叔，故有"缔好叨秦晋，通家拟孔杨"句。

按：杨士骢（1870—?），字芰青，原籍安徽泗州（今江苏盱眙），其祖杨殿邦于道光二十六年（1846）来淮任漕运总督，咸丰三年（1852）卸任后在淮安定居。候补京堂三品，历任山西盐政、广东补用道、京奉铁路总办、山西巡盐道，民国初年当选多届众议院议员。次子杨毓珣娶袁世凯女袁叔祯为妻。竹侯此诗中的"莺社"，或指北平谜社莺嘤社，或指诗社嘤社。待考。

应金孝达（鼎鈇）所请，为其先人金画士遗像题诗。

画士画难得，门巷留令名。遗容隐复见，小立犹亭亭。朝市虽屡变，邻里还重经……（顾震福《金画士章。遗像为金孝达题》）

按：金章，明代淮安名画家。阮葵生《茶余客话》载："金章，字立玉，善花鸟，跗萼枝干与夫飞鸣态度率有生意，设色最鲜丽。今淮上亦未见其传本。"竹侯诗注云："是图先生自跋云：'随意写梅花数点。'又，邱志恪题句自注：'先生以画梅推重于世。'"金画士巷位于淮安旧城，距淮城中心的镇淮楼约 300 米。据徐爱明、丁国顺先生考证，此巷即得名于画家金章。

岁末，为避乡乱，住上海翊群处。北女师弟子钱韵荷自美留学归来登门拜见，赋诗"来谒有赠"。

按：钱用和（1897—1990），又名禄园，字韵荷，江苏常熟人。1923 年毕业于北京女子高等师范学校，受聘为江苏省立第三女子师范学校校长。1925 年先入芝加哥大学，后转哥伦比亚大学。1929 年回国，受聘于上海暨南大学。1931 年担任国民革命军遗族女校校务主任，后任宋美龄私人秘书，此后一直追随宋美龄左右。

蛰居斗室耐严寒，留滞淞滨又岁阑。忧患余生知足易，田园旧业遂初难。鸿泥陈迹无从任，壬子寓沪嵩山路近已改建。蜃市浮华久倦看。且与儿孙暂团聚，辞年仍似客长安。（顾震福《沪上岁暮住群儿寓》）

该年，薛宜兴自天津"萧然"携家眷归乡。没几年，"竟憔悴以殁"。

壬子后，予傲居京师，时时往来天津，始相召呼，谈宴为乐，屡过我旅社中。是时，少卿老矣，意气犹未衰。久之，无所事，赖其子辈，于役南北，足奉养。未几，各失职，少卿益无聊。岁己巳，萧然挈家归。（方燕年《凡民谜存·薛宜兴传》）

民国十九年，庚午，公元 1930 年， 59 岁

1 月 17 日，以孙科为主席的总理陵园管理委员会第十次委员会议上，决议委任丁卯谜社社友施纶"为总务处文牍股文牍员，月支

薪水八十元"。①

远溯呼庚役，旁征算亥年。薛城鱼失水，楚阜鸟冲天。俳赋传荀子，专书志孟坚。伊优三字句，离合四言篇。辞向曹碑解，诗从鲍井联。张灯唐宋后，镌版道咸前。竹社开高会，《竹西春社谜刊》。苔岑契众贤。《妙契同岑集谜稿》。厨鲭腴更美，阶蟒梦曾圆。《隐语鲭腴》《蟒阶廋词》，皆淮安前辈作。踔起推千里，清初顾广圻，字千里，博学富著述。长才迈九烟。清初黄周星，字九烟，著《廋词》。跬园多雅集，彩帜久高搴。月旦评南北，云纵忆后先。千文搜稿本，明末贺从善有《千文虎》。十幅写花笺。更感山阳笛，还刊箧衍编。样翻门太活，语避饼重煎。聂恕真同巧，苏黄许共传。读君文虎集，愧我野狐禅。卯社刚题壁，庚邮忽着鞭。素书劳驿递，青简幸蝉连。丁卯岁，予入北平谜社。及先生参加，予已南旋。然同人社稿及拙作，犹邮寄未断。心得承虚誉，神交缔宿缘。好将陈雪印，聊报费星田。费氏有《玉荷隐语》。（施纶《跬园谜刊三种·题词》）

按：施纶（1878—?），字杏初，号红杏馆主，江苏无锡人。丁卯谜社创始人之一。

3月，上海《文虎》创刊。

4月，林心台帮助钱南扬收集了不少新资料，钱在《民俗》第109期发表《谜史的新材料》，对《谜史》作了初步的订正与补充。②

弄巧钩心斗角，研精贯虱穿杨。好辞回互费猜详，胜听春灯演唱。

---

① 南京市档案馆、中山陵园管理处：《中山陵档案史料选编》，江苏古籍出版社，1986年，第539页。

② 广州《民俗》，1930年第109期，第11—20页。

未遂瞻韩凤愿，南丰久蒸心香。迢迢万里许商量，愧煞葫芦依样。（林心台《跬园谜刊三种·题词·西江月》）

《民俗》杂志第 110 期刊载谢云声《谜史补——献给钱南扬先生》，在"关于谜语书籍种种"中，介绍了《北平射虎社谜集》26 册系顾竹侯等 34 人合编。

作《沪寓病中送内子北返》。

夏，坠车伤股，"元气内伤"。

府君以不孝等粗足自立，家庭雍睦，从无闲言，频年往来平沪，顾而乐焉。体素清癯，然腰脚尚健。旧京香山西山诸胜境，岁必往游，经宿始返。奉吉鲁豫，扬镇苏杭，游屐所经，徒步登涉，竟日忘疲。庚午夏日，坠车伤股，虽诊治复旧，而元气内伤。（《顾竹侯先生讣告·行述》）[1]

7 月，谢云声《灵箫阁谜话初集》在厦门出版。书中选竹侯谜作 3 则。

北平射虎社所制谜语，类皆典雅浑成，创设计三年，嗣因事中止，得谜总有二十余万……

顾竹侯制有：

自尊（射四子）长一身有半

北平射虎（射古人）李商隐

泾上之辱，君能救之，兹奉闺房，永以为好（射聊目）龙、神女、果报、柳秀才

（谢云声《灵箫阁谜话初集》）[2]

---

① 刘家平、苏晓君编：《中华历史人物别传集》第 82 册，线装书局，2003 年，第 283 页。

② 谢云声著：《灵箫阁谜话初集》，厦门新民书社编译部，1930 年，第 36 页。

8月1日，陈冕亚（屯）在《文虎》第1卷第6期中缝"代邮"栏发出启事，向竹侯与薛凤昌、孔剑秋，以及张起南的遗族戚友还有海内同好，搜集北平射虎社或隐秀社旧友谜稿，"希望捐俸刊印成书，藉留泥爪"。

宰相知时甘歇后，将军无命不封侯。南朝唱惯春灯曲，痴绝何如顾虎头。

自笑雕虫未是奇，分曹曾共斗新思。中郎去后杨修远，谁解千秋绝妙辞？（陈冕亚《跬园谜刊三种·题词》）

8月，七孙以似出生。

秋，伤病渐愈。作《秋风》诗，有"三月微恙疴，熏风枕上过"句。重阳思乡而不得归，赋诗遣怀，《九日》："连番风雨暗秋晖……衰病渐痊行尚怯，倦游将返愿偏违。故园又负簪黄菊……"

冬，致信叶尔龄，索其谜稿。"久不报，嗣知已于仲秋捐馆舍，遗稿亡失，所作之白字谜亦不可得见矣"。

正格外兼白字杂体，白字外兼曹娥、徐妃、两来船、珍珠伞、铺地锦诸别裁。今仅记其一二。如"早雁觅汀洲"射果名"小红枣子"，白作"晓鸿找沚"；"孙子教美人战"射四子"无忘宾旅"，白作"吴王兵女"；"彩棚仿造丧棚样"射四子"以五十步笑百步"，白作"以五色布效白布"，谐声之妙，犹咸同老辈遗风。（顾震福《商旧社友谜存·叶罞亭传》）

诗贺女弟子罗静轩任北平市图书馆馆长。

陈编多放失，谁为守残丛。典校刘中垒，才能宋尚宫。国风扬冀北，家学振江东。愿汝勤培护，书仓岁岁丰。（顾震福《贺罗生叔举充北平市立图书馆长》）

按：罗静轩（1896—1979），字叔举，湖北黄安（今湖北黄冈）人。毕业于北京女子高等师范学校。曾任北平市图书馆馆长兼女子师范大学教授、安徽大学教授兼图书馆主任，加入中国民主社会党，是该党中央委员兼妇女部部长。1947 年，任国民政府立法院第四届立法委员。1962 年获聘上海市文史研究馆馆员。

社友祁友蒙卒。

余髫龄即抱此癖，三十年来孜孜不倦，惟自愧学识薄弱，苦不能工。读君斯作，不胜叹服。更幸君之能保存国粹，启迪后学也，故不揣谫陋，略缀数言，并志颠末。（祁友蒙《心向往斋谜话·序》）①

按：祁友蒙（1882—1930），字甘荼，一字莘敏，山西寿阳人。光绪庚子年在淮任河南堰盱同知，后升知府。清江浦谜社骨干，后入盟北平射虎社及隐秀社。辛亥后避居扬州，为竹西后社"隐中八仙"之一。在扬州居东圈门街 20 号，邻竹西谜友仪征刘氏青溪旧屋。这两故居，现还保存完好。

南菁校友丁传靖卒。

朴学宏才丁闇公，怕闻世事故痴聋。传奇谱出沧桑艳，无限兴亡感喟中。丹徒丁闇公同年，晚年重听，曾以陈圆圆故事谱南北曲传奇。（顾震福《感逝诗》）

按：丁传靖（1870—1930），字秀甫，一字岱思，号湘舲、闇公，江苏丹徒人。近代藏书家、学者，寒山社成员。清宣统二年由陈宝琛荐举为礼学馆纂修。喜藏书，多宋明稗官野史，并有秘本，常至书肆收罗古书，积至数万册。著《东林别传》《闇公文存》《诗存》《清军机大臣年表》《清督抚年表》《历代帝王世系宗谱》

---

① 陈楠整理：《扬州谜史文献集成》，广陵书社，2019 年，第 545 页。

《清六部尚书年表》《沧桑艳传奇》。

淮安河下钵池山中医公会成立，竹侯老友、谜人汪筱川任会长。

> 河下镇又有汪君筱川者，业医，善廋词，与君足伯仲，亦予所旧识。廿余年不见，不知犹能攘臂否？近海上医士吴莲洲、夏映堂诸先生，皆以行道而射虎，尝编《文虎》半月刊。君既早世，筱川又未曾悬壶沪渎，不克与同道相角逐，惜哉！（顾震福《商旧社友谜存·季凤书传》）

按：汪筱川（1868—1947），名九成，字筱川，以字行，擅医术喜文虎。16岁弃儒从医，秉承家学，研读医典。擅长中医外科兼精内、儿科。始为清江浦西坝盐务施药局医士，后归故里河下挂牌行医，求医者门庭若市，自言生徒百余人。著有《梅竹山房诗剩》《梅竹山房集句》《梅竹山房词剩》。

在故都度岁。作《北旋度岁》诗，感叹"客程忽忽又一年"；命理师多称竹侯"年五十九岁关艰难越"，故庆幸"度过今宵已周甲，似应灾难脱星占"。

民国二十年，辛未，公元 1931 年， 60 岁

1月，上海《文虎》改为半月刊。"主干者"：曹叔衡、吴莲洲。

1月，孔剑秋《心向往斋谜话》开始在《文虎》第2卷第1期连载，逐期载至第16期"第一集完"。孔氏谈及与北平射虎社和隐秀社社友同面异底或同底异面时，列举竹侯数条谜作。

北平射虎社之谜底，有与余同一机杼者，爰择出录之如下：

……顾竹侯之"记里鼓车"射《诗经》"厥声载路",余则以"有口皆碑"扣之;"渊明"射四子"回也不愚",余则以"去鲁"扣之……鸿雪因缘于以互证焉……"耕者九一"之谜面为"二五耦",余则易以"八荒"……应声气求,不圃于地之远近也。(孔剑秋《心向往斋谜话》)

按:《心向往斋谜话》书稿由孔剑秋学生杜召棠于1973年在台湾出版。

在绒线胡同宅中,宴请黎国廉、林汝魁、张超南、杜宴、张瑜、金元善、周维华、刘心朴等谜友。

挂壁弹灯事久虚,古欢重话聚蓬庐。到门只称题凡鸟,入座何妨说大鱼。小合分酥惭菲薄,热铛煎饼笑生疏。知君借箸成新咏,龙武以食箸诗谜对咸阳王。见《北史》。定胜前贤旧隐书。(顾震福《谜社社友六禾策六蟹鲈鹿笙郁庭子潜公阜心朴诸先生来寓所集饮即席有赠》)

奇文倩谁共赏,只孤芳自守。任才调绣虎雕龙,白云依样苍狗。看多少盲风怪雨,江关赋笔萧条久。但凭他方朔,谐辞此心空呕。上。　　大抵才人,不忘去。结习,自甘珍敝帚。况三昧游戏人间,化机曾与参透。忍长教尘封蠹蚀,竟随那玄文同瓿,算春蚕,留得丝丝,尽堪回首。　　浣花雅集,予曾筑小浣花堂于桂林,屡与文酒之宴。射覆分曹,笑予亦抗手。历廿载梦魂飘瞥,迹隐痕黯,马足车尘,几番消受。披寻故纸,春宵余兴,花笺犹有回文句,向灯前讽咏舒眉皱。闲愁自遣,聊将岁月消磨,那复跌宕文酒。春明此日,旧事重提,喜应求得友。最好是搜材陈籍,铸史熔经,寓意新词,外孙斋白。何来绝技,珠穿针度,天衣无缝云样锦,问将来词客犹能否?风华休怕销沉,梁苑才名,定传此叟。《雪赋》"延

枚叟"，谓汉淮阴人枚乘。（杜宴《跬园谜刊三种·题词·莺啼序》）

3月，樊增祥（樊山）卒。作五言《樊山社长挽歌》四章，注中云："先生中年丧子，晚景颇唐，近作有'家国都无人养老'句。寒山诗钟社推公社长。"

举目异山河，殷墟自啸歌。谐谈方朔妙，诗卷放翁多。击钵逍遥夜，流觞继永和。长安盛名胜，都为看花过。（顾震福《樊山社长挽歌（之三）》）

名称从少卿议，曰"北平射虎社"，门外悬牌则樊山老人题字也……谜集用油印，标题某次常会或大会隐语。其已揭晓者，如："广橘红"射四子，系樊山作，予射中为"五羊之皮"，则注明"山制、竹中"。（《顾竹侯灯窗漫录稿本·北平射虎社》）

八旬遗老抱天琴，诗酒疏狂玩世心。比拟仓山名更重，输他晚景享园林。恩施樊樊山社长别号天琴老人，晚境颇蹇。（顾震福《感逝诗》）

按：《跬园谜稿·卷三》有一谜：天琴老人官陕西江宁布政使（《尔雅》一句）樊，藩也。樊樊山官藩使。

清明，京郊踏春，作《故都清明踏春词》十阕。

4月22日，参加张郁庭"值社"的丁卯谜社聚会，参与社友有黎国廉、张超南等人。谜作后油印成社刊辛未第18期。①

4月，张郁庭题昔北平射虎社旧址照片云："十丈红尘玉井寒，疏堂杰阁筑崇坛。谁知竞赛春灯处，都作前朝影事观。入室升堂巧可阶，有涯生愿遣无涯。重来怕看蟆颐路，风月萧条射虎牌。"②

---

① 丁卯谜社辛未油印谜集，现藏绍兴谜家章镳处。
② 《北平射虎社旧址及张郁庭先生题词》，上海《文虎》半月刊，1931年第2卷第10期，第7页。

五月初六，参加番禺林策六"值社"的丁卯谜社聚会；五月二十，在绒线胡同与张超南、陈勉安共同"值社"丁卯谜社聚会，社友有：黎国廉、高承溥等。此两次聚会后，谜作油印成社刊辛未第20—21期合刊。①

5月，弟子陶际唐就任静海县县长。

学衍昆山负盛名，惊人才调早蜚鸣。雕龙谐隐梁刘勰，射虎英奇汉北平。绛帐自来多艺事，黄垆况复念交情。遗珠断璧重联合，网入珊瑚分外明。

二十年前负笈游，忆从仲淹受春秋。曩在江北陆军学校，曾从吾师肄习国文、史地等科。集编铙吹曾同咏，同门酬唱集，有吾师题词弁首。字勒碑阴未暇求。枚里韩亭犹眷恋，白山黑水枉勾留。归来幸得重瞻谒，近年于役东北，客冬旋平。始得抠谒。好话灯宵遣客愁。（陶际唐《跬园谜刊三种·题词》）

与此时"故都同作客"的陈苑芬时相唱和，《陈芸阁（苑芬）和前作叠韵报之》尾句："等是衰年应自适，客心好向静中安。"以期共勉。

夏，江淮遭遇百年罕见的特大水灾，作《江北水灾志感》长诗。痛心"嗟嗟江北已瘠贫，况复饥溺苦吾民……噫吁嚱，导淮员役徒逡巡，归江入海说纷纭。扬子反涨已无垠，何如淤塞故道循。愿从旧说丁与殷，好为保障毋迷津"。呼吁采用正确的治河方略："吾乡丁西圃殷自芳两先生皆有《请复淮水入海故道图说》"。

长孙顾以伟在燕京大学毕业，竹侯参观校园，作诗记之。

女弟子陶玄当选为南京"立法院"立法委员，成为该届三位女

<hr>

① 丁卯谜社辛未、壬申油印谜集，现藏绍兴谜家章镳处。

立法委员之一（另两位为：宋庆龄、郑毓秀），竹侯撰诗致贺。

按：陶玄（1898—1972），字孟晋，浙江绍兴人。教育家，民国立法院立法委员，新中国民革南京市委委员、江苏省政协委员。北京女子师范大学毕业，期间参加五四运动，为北京女学界联合会会长。先后任北京第一女子中学校长、江苏省立南京女子中学校长，参与创办上海世界学校。

八月初二、十六，丁卯谜社在启新茶社聚会，先生参与"值社"。社友有：高承溥、金子乾、张超南、刘心朴等。此两次聚会后，谜作油印成社刊辛未第26—27期合刊。①

纬史复经经，文心老更灵。古欢犹眷恋，故友半凋零。才拙徒同好，时艰不忍听。惟将谐隐意，相与遣衰龄。（高承溥《跬园谜刊三种·题词》）

8月，撰序《商旧社友谜存》，睹谜思人，不胜唏嘘。

谜本小慧，何足增重。然尺波电谢，人琴俱亡，倘并此而失传，不更可哀哉！爰付手民，藉存陈迹，每一披览，犹如见推敲商榷、灯窗欢笑时也。而宿草已离离矣。噫！（顾震福《商旧社友谜存·顾序》）

秋末，与同乡陈苑芬（芸阁）、田步蟾（桂舫）诸诗朋谜友宴集淮扬春酒肆，有诗互赠。

孟冬，自序《跬园谜刊三种》于函雅故斋。

忧患余生，寓言遣寂。灯窗旧好，话及今昔之异，未尝不叹。区区末艺，于世运文运之兴废胥有关也。岁暮无憀，披寻旧稿，自维俦瞀，于学术之远且大者未能肆力，惟弄兹狡狯文字。积累年心

---

① 丁卯谜社辛未、壬申油印谜集，现藏绍兴谜家章镳处。

血，仅乃得此，可笑亦可唏矣。然使并其所循途径，所傍门户，亦经陵谷而渐灭殆尽，可惜更何如也。爰择曩作，付毕升版，俾后之览者知不才如予，学步效颦，尚有此小技，则当时宏达巧思佳构足以成一家言者，可以想见。庶文虎成法，犹不至如广陵散矣。（顾震福《跬园谜刊三种·自序》）

11 月，任上海中孚银行董事，董事长为孙多钰。[1]

与受聘于沈阳东北大学的谜友宗子威时相唱和。

漫将蕙笔笑书痴，边马雄心海鹤姿。莲社联吟皆宿学，宗少文，为莲社十八贤之一。兰阶随侍有佳儿。令嗣志黄，工诗词曲，近侍讲席。辽东皂帽分经席，河内黄垆忆酒卮。君近作感逝诗甚多。我亦寒山听钟客，也因霜月寄遥思。（顾震福《和宗子威赠诗（时子威教授沈阳）》）

作长诗《傅沅叔先生六秩自叙谨题志感》。

按：傅增湘（1872—1949），字沅叔，现当代著名藏书家。四川江安人。光绪二十四年（1898）进士，选入翰林院为庶吉士。1917 年 12 月至五四运动前，入内阁任教育总长。曾为《跬园诗钞》和《顾竹侯先生讣告》题笺。

12 月，张郁庭为《跬园谜刊三种》撰序。

闻先生珂里自徐、段、韦、何诸先进提倡斯道，文人学士经其濡染，谜风之盛，甲于江淮……先生更踵起扩张，由淮而沪而燕，前喁后于，如响斯应，宣传之效，不为不宏。然犹以为未足，更辑佳构，汇为《跬园谜稿》，又搜罗故友作品别为一集，名曰《凡民

———————————

① 中国人民银行北京分行金融研究所《北京金融志》编委会办公室编：《北京金融史料·银行篇3》，1992 年，第 458 页。

164

谜存》《商旧社社友谜存》，都四千余则，先后刊行。（张郁庭《跬园谜刊三种·张序》）

按："徐、段、韦、何"指的是徐嘉、段朝端、韦宗海、何绮；徐、段、何是竹侯的父执辈，韦是前妻的堂兄弟。他们是竹侯爱谜"因子"的熏染者，亦是灯谜引路人。

冬，写信给定远方焕经，请其联络谜友薛宜兴（少卿）。

竹侯以书抵予曰："往岁与少卿诸君结社，积数年各得若干。今拟同排印，并为少卿撰小传，第事迹恐漏落，请转询见告。"予喜鄙见之不谋而合也，急寓书于少卿，数月不得复，心异之。（方焕经《凡民谜存·方序》）①

按：方焕经（1875—？），字伯常，安徽定远人，清廪生，方燕年堂弟。曾任中孚银行监察人。收藏家，著有《宝楚斋藏器图释》等。

潮州谢会心为《跬园谜集》题诗。

善射仰将军，坛场久策勋。虎痴传绝技，鸿博见多闻。棋布星罗式，花团锦簇文。笑予空辨类，惜未把清芬。（会心《赠〈跬园谜集〉五律一首》）②

按：此诗在《跬园谜刊三种·题词》中，加了尾注："大著于谜格颇详，予曩作《灯虎辨类》，惜未克采入。"

岁末，女弟子冯沅君为《跬园谜稿》撰跋，提出谜之"文言派"和"语体派"的区别。

窃维谜隐自魏晋以来，派别有二：一文言派；一语体派。文言

---

① 高伯瑜等编：《中华谜书集成（三）》，人民日报出版社，1997年，第2857页。
② 谢述心编：《思亲集》，1979年油印本。

派之始，有用四言诗者，有用七绝句者，嗣则以成语或故事扣之，底面吻合，如天造地设，一字不可移易，诚工巧矣。惟非胸有积轴，不能作，不能射，且不能解。语体则概用白话，长短不拘，近今儿童读品中之小谜语，即其支流……是编作品，渊懿鸿博，底面又铢两悉称，在文言古典派中，实起废之良医，殿后之劲旅也。乌得以小慧忽之哉！（冯沅君《跬园谜稿·跋》）

毛乃庸卒。

高华才思媲西河，弹铗争传剑客歌。蜀道归来仍璧立，泪痕添得峡猿多。江都毛元征宦游蜀中，屡客江左，终未免贫病。著《剑客类稿》。（顾震福《感逝诗》）

按：毛乃庸（1875—1931），字伯时、元征，别号剑客。江苏江都（今江苏扬州）人，流寓山阳（今淮安市淮安区）。清末民初文学家、史学家。宣统二年应拔贡试，署第一名。曾任江北师范学堂教务长、江南高等学堂教授、浙江旅宁公学教务长兼江南实业学堂蚕桑分校监督、两江督练公所总文案、江苏通志局分纂等。辛亥革命后，任山东巡警道署秘书长、代理内务司司长。后辞官返乡从事著述。晚年居南京。著有《剑客类稿》《后梁书》《勺湖志》等。

民国二十一年，壬申，公元 1932 年， 61 岁

"一·二八"事变后，上海《文虎》出版至第 2 卷第 17 期停刊。

1 月，俞赞侯（锡爵）为《商旧社友谜存》作序。

仆于此道本不甚了解，寓淮既久，获交李君瘦岑、戚君玉丰，茶余话及，互相切磋，始渐窥门径。洎闻顾君开社，遂亦附骥尾。

（俞赞侯《商旧社友谜存·俞序》）

仲春，何福恒为《商旧社友谜存》题书名。

黄绢试新裁，正是好春时节。惊破灯宵清梦，渐繁华消歇。山阳笛韵久凄清，往事去如瞥。肯为雪泥留印，算虎头痴绝。（何福恒《跬园谜刊三种·题词·好事近》）

按：何福恒，字子久、紫玖，号月如，江苏淮安人，与弟福谦同为丽正书院学生，与竹侯为儿女亲家。光绪辛巳补博士弟子，甲午科优贡，内阁中书。曾入漕运总督幕，任《续纂山阳县志》总校。

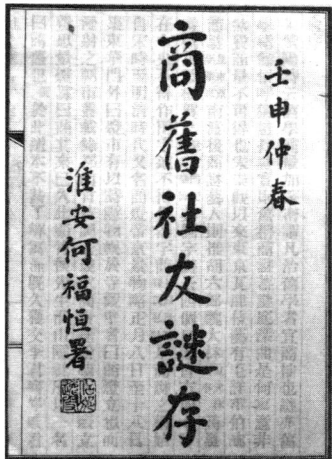

《商旧社友谜存》，何福恒题签

3月17日，薛宜兴卒，年七十。

淮安顾震福竹侯，独裒所为廋词七百余首，将付手民以传……少卿尝言，谜小技，费心力不鲜，他日得付竹侯之末，颜曰"淮上两孝廉谜存"，斯可矣。（方燕年《凡民谜存·薛宜兴传》）①

按：薛宜兴（1862—1932），字少卿，晚号凡民，安徽寿州（今安徽寿县）人。一生境遇窘迫，曾辗转广东、扬州、上海、天津、北京等地，结识多方谜友，入北平射虎社、隐秀谜社。他平生创作甚多，然死后才由好友竹侯辑成《凡民谜存》上下两卷行世。

---

① 高伯瑜等编：《中华谜书集成（三）》，人民日报出版社，1997年，第2860页。

四月初十，在绒线胡同宅中，"值社"丁卯谜社，参加社友有：许菊圃、刘心朴、周公阜等。雅集谜作后油印成社刊壬申第 12 期，5—12 页为竹侯谜作。①

4 月 24 日，在"值社"者周公阜北柳巷宅中，参加丁卯雅集，社友有：黎国廉、张超南、高承溥、金子乾等。谜作后油印成社刊壬申第 13 期，13—16 页为竹侯谜作。

冯沅君与丈夫陆侃如前往法国留学前拜访老师辞别，竹侯作《冯生沅君偕薰砧陆君侃如赴法留学来别赠行》送行。

按：薰砧，妇女称丈夫的隐语，也是灯谜的雏形。南北朝徐陵《玉台新咏》："薰砧今何在？山上复有山。何当大刀头？破镜飞上天。"薰砧是农村常用的铡草工具。薰指稻草，砧指垫在下面的砧板，有薰有砧，却没有提及铡草刀——鈇。鈇与夫字谐音，隐寓丈夫不在之义。

4 月，编辑故友薛宜兴遗谜《凡民谜存》，并作序。在该序中，竹侯提出了他的"谜之艺术"见解。

然非别具匠心，独辟蹊径，必不能标新领异，传诵古今。谜之艺术，何独不然？……其表里巧合，直如玉匣子底盖。

时射虎、隐秀两社先后踵兴，君与予并充社员，声应气求，妙契弥笃。陵谷屡迁，岁月易迈，予往还南北，衰病侵寻；君亦息影珂乡，闻晚景颇唐，非复似当年兴致。（顾震福《凡民谜存·顾序》）

夏，丁卯社会员已达三四十人之多。

杏初南旋，心台在闽，皆远寄邮筒，嘱人代表。油印成绩，始

---

① 丁卯谜社辛未、壬申油印谜集，现藏绍兴谜家章镳处。

只已揭晓者；后则于未猜破者，皆由作者自宣，一并披露，篇幅较多。其每次按人分缮，如：某君作，少则一叶，多者十数叶，积久拆订，各成一集，尤便观览。（《顾竹侯灯窗漫录稿本·丁卯社》）

六月初七，参加金子潜（元善）"值社"的丁卯谜社周会，参加社友有：黎国廉、张超南、高承溥、周维华、施杏初、许菊圃、刘心朴等。谜作后油印成社刊壬申第16期。金为《跬园谜刊三种》题诗后注中，面对同好纷纷谢世，不禁感喟不已。

招隐淮山旧主盟，北来射虎又驰名。当年人物多零落，老健惟余顾宪成。

此道今人胜古人，钩心斗角样翻新。时贤莫笑雕虫技，觅句凝思总费神。

凤仰河东吐凤才，巧思妙绪耐疑猜。若非挚友搜遗墨，也入昆明化劫灰。薛君少卿遗稿，并为辑释付刊。

十年经过有余香，唾玉喷珠漫较量。同是昔时疏凿手，愧君叙旧比金张。薛、徐、戚、亢诸君，曩皆射虎社友，已谢世。今仍与先生同社且常见者，仅郁庭张君及予二人矣。（金元善《跬园谜刊三种·题词》）

6月16日，方焕经应竹侯之邀为《凡民谜存》作序。

淮上有名孝廉二。一为淮安顾君竹侯，一为寿州薛君少卿。寿州，古淮南也。少卿长予十三岁，总角时识之。（方焕经《凡民谜存·方序》）

7月1日，孔剑秋奉函竹侯："自隐秀息绝以来，久疏存问。昨忽奉朵云，欣慰何似。镕近因衰病侵寻，百事俱废，喘无一息之停，血无三日不咯，医者戒勿用心。然结习未除，暇复为之，苦不能工。郁庭先生屡次索稿，迄未能应，殊抱慊忱。《埋堠集》久未出版，驼翁之蹉跎，无可如何。半月刊亦摇摇欲坠，不绝如缕。拙作谜话稿本闻已散佚于干戈扰攘中，是亦文字之一厄也。去春在宁得晤陈君冕亚，惜乎惟时匆促，不及畅叙也。"①

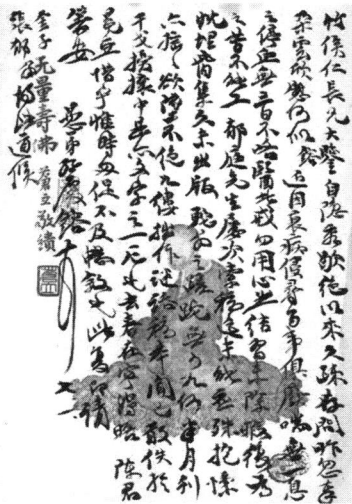

孔剑秋信函手迹

七月初八、九月十七、九月二十四、十月初二、十月十六、十月二十三、十一月初七，参加丁卯谜社雅集，每集谜作都油印成社刊。

每周必会，六禾、第六、鹿笙、公阜、郁庭、子乾轮流值社，社坛即在值社者之寓所，为具晚餐……予及越青，亦或择期自值，预先在上周社中声明。（《顾竹侯灯窗漫录稿本·丁卯社》）

按：竹侯记录的轮流做东，是丁卯社早期的值社情况。后期制订的《丁卯谜社简章》第六条规定："每次会期以四人为一组，出资一元为饮馔费，务从俭约。"

夏，社友黎国廉（六禾）回顺德探亲，秋凉返京，年年如此，被张郁庭誉为"谜国雁臣"。竹侯赋诗送行。

翩翩越鸟返深林，幕燕巢鹤感不禁。三载未蜚曾谲谏，万方多难独悲吟。六禾善隐语，工诗词。山河风景新亭泪，岭海烟波故国心。还望高歌同击筑，移情且漫抱孤琴。（顾震福《送社友黎六禾

---

① 2014 年 6 月 8 日北京德宝国际拍卖有限公司 2014 年春季拍卖会拍品展示：http：//www. dbpm. cn/auction/sdetail. asp？id＝68005&cid＝14

返粤》）

几回阿堵传神，壁间画出沧溟表。帷灯匣剑，美人疑在，仙山缥缈。齐客三言，楚王一啻，海天鱼鸟。甚神工鬼斧，雕肝镂肾，问心血销多少？ 珍惜好辞绝妙，把琳琅寿诸梨枣。鲭腴风味，笛声淮上，秋山斜照。春事年年，白头灯下，许余同调。是滑稽，玩世漫将游戏，笑东坡老。（黎国廉《跬园谜刊三种·题词·寄调水龙吟》）

9月16日，丁卯社社友、"愚侄桂林周维华"为《跬园谜刊三种》作序。

先生以文坛老辈，作谜苑名家，学富曹仓，癖专杜库……夫申江粉社，初归旧学，更商于珂里。夜行射石，穿隐秀之巉岩；卯饮张灯，拾坠欢于近局。而复眷怀旧雨，掇摘残星，起废钩沉，释文解诂。（周维华《跬园谜刊三种·周序》）

按：周维华，字公阜。丁卯谜社、隐秀社干将。1944年，与向仲坚倡导将前一年成立的癸未文社更名为甲申文社。内分诗词、诗钟、谜语诸门，为天津唯一研究词学的组织。是年秋，姚灵犀社长复改名为吟秋社，与诸诗词社各树一帜。

9月，孔庆镕（剑秋）卒。竹侯在《跬园谜刊三种·题词》首篇"附识"云："孔先生剑秋籍浙而寓扬，著《心向往斋谜话》。雄才宿慧，瑜亮（味鲈、剑秋）齐名，皆射虎社中之巨子也……孔君绝句则得于壬申夏间，时君已卧病，犹力疾赋此，未几亦归道山矣。"

京华灯市破天荒，劳燕分飞早散场。篋衍仅存丁卯集，巍然犹见鲁灵光。北平射虎社盛时，曾与先生同社，今社散忽已十年。近得《丁卯谜社集》，犹见先生大著。

曾辟苏湖治事斋，吉金乐石好安排。六经自足存根柢，为枳何愁橘过淮。君邃经学，历充南北学校教授，收藏古今刀布泉币甚多。

宫花寂寞不成春，都是沧桑劫后身。同洒山阳闻笛泪，凄然岂独顾宁人。扬州竹西后社社友祁、孙诸君，近亦物故。

写出琳琅绝妙辞，茫茫此意遣谁知？韩陵片石犹堪语，差胜人间没字碑。（孔剑秋《跬园谜刊三种·题词》）

向往斋中雅集忙，钩沉起废阐幽光。剧怜呕尽心头血，犹为题词寄锦囊。浙衢孔剑秋，著《心向往斋谜话》，选辑《埋酱集》。晚年病肺，犹力疾为题谜稿。（顾震福《感逝诗》）

9月，边乱频仍，日本宣布承认"满洲国"，伪满洲政府承认日本人在东北掠夺的一切。竹侯送老友陈苑芬回淮，送别诗中感慨："和战总非计，去留犹待时。仓皇知有日，定悔未追随。"

拜访陈宝琛。有《钓鱼台访陈师傅（弢庵）》诗。

"丁卯社五年于兹矣。自顾竹侯先生加入，益增宠耀。"[1] 丁卯社友、番禺林汝魁（策六）为《跬园谜刊三种》"古风以歌之"（并撰长序）。

……吾友顾虎头，凤号文章伯。余技事廋词，毕生瘁心力。由少而老，自南而北，探骊珠，射虎石，既合乎伯喈、文举之典雅，更杂以淳于、东方之谐剧。尔乃录其撰著与采择，付诸手民留陈迹。都凡四千四百有余则，五花八门而不拘拘于一格。传之后世，以为谜隐之程式，庶于斯道犹能管窥而蠡测。（林汝魁《跬园谜刊三种·题词》）

---

① 高伯瑜等编：《中华谜书集成（三）》，人民日报出版社，1997年，第2732页。

曾任京师大学堂总监督的刘廷琛（幼云）逝世。

成均重望大司成，道阐昌黎学许衡。朔望礼堂集冠带，箴言记得诏诸生。江西刘幼云夫子，北京大学堂总监督。（顾震福《感逝诗》）

按：刘廷琛（1867—1932），字幼云，号潜楼，江西德化人，教育家、书法家。光绪十九年（1893）中举人，次年中进士，翰林院编修。任山西学政、陕西提学使、学部右参议、京师大学堂总监督等职，曾于宣统元年向溥仪进讲。

民国二十二年，癸酉，公元 1933 年， 62 岁

1 月 16 日，老友张相文逝世。撰挽联祭之。此挽联与谜人杜宸等人的挽联被张氏后人编入《泗阳张沌谷居士荣哀录》中。

蔚西仁兄世先生归道山

订交在卅载之前，教育先觉，舆地专家，记曾剪烛西窗，共话巴山听夜雨；

闻耗逾一旬以外，释典犹存，志书未竟，此后趋车北郭，缅怀老友感晨星。

世愚弟顾震福率子翙群、辰、经、威拜挽[1]

山脉河流著作家，探奇访古涉流沙。升天久熟西游路，不愿焦严听法华。泗阳张蔚西创舆地学会，曾赴蒙古考查，著《释教地理》，在焦山修《江苏通志》。（顾震福《感逝诗》）

按：张相文（1866—1933），字蔚西，号沌谷居士，江苏泗阳

---

① 张相文著：《民国丛书·南园丛稿（下）》，上海书店，1935 年，第 1174 页。原书将"顾震福"误植为"顾振福"。

人，中国地理学的先驱，教育家。曾在竹侯创办的公立青云高初两等小学堂任"总教事"。民国第一届国会议员，任江北师范学堂教务长、泗阳教育会会长、北京大学教授。和竹侯同在江苏学务总会（淮安府）共事。与谜人陈玉森为江南公学同事，与谜人杜宴为辅仁大学同事。1901 年出版中国最早的地理教本《初等地理教科书》《中等本国地理教科书》，撰中国最早的自然地理学著作《地文学》，发起成立中国地学会，并当选为会长，创办《地学杂志》。著有《泗阳县志》《佛学地理学》《南园丛稿》《地质学教科书》等。

游香山，看到傅增湘去年 9 月"边疆多故，题壁寄慨"，忍不住"依韵补和"，后又"叠韵续题，仍步韵和之"。

3 月，上海《文虎》专刊创办人吴莲洲为《跬园谜稿》撰序。

余自半月刊停版，正搜罗剩稿，汇刊文虎丛书。而顾君适以书来，谓将辑其生平所作成《跬园谜集》，并录故友遗稿，合刊谜存。何若与余有同心耶！（吴莲洲《跬园谜刊三种·吴序》）

2 月 25 日，谈荔孙因脑出血在北平寓所病逝。

按：谈荔孙（1880—1933），字丹崖，出生于江苏山阳（今江苏淮安），祖籍无锡，近代著名银行家、金融先驱。1898 年，考入南京江南高等学堂学习，毕业后被两江总督端方以官费旅往日本留学，于东京高等商业学校攻读银行经济专科。1908 年 4 月回国，任江南高、中两等商业学堂教务长兼银行科主任；同年 8 月，考中清政府"商科举人"。1911 年任大清银行稽核。1919 年，创立大陆银行，任董事长。

谈荔孙娶李家传，与顾翊群是连襟。谈宅与顾宅，同在山阳城隍庙巷；谈荔孙故居（谈公馆），现保存完好，在镇淮楼东街，东依汉韩侯祠。

春，丁卯谜社猜谜活动约达 300 次。

计从创始起，迄癸酉春季，共开会约三百次，成绩出至第七集，每集恒三四十期，共得谜语数万条。视射虎、隐秀两社共出谜集，有过之无不及，期维持社缘至七年之久不衰，实六禾、公阜、心朴三君力也。（《顾竹侯灯窗漫录稿本·丁卯社》）

按：竹侯稿本只记录到 1933 年春。其实，据刘二安、邵才主编的《丁卯谜社同人灯谜笺注》研究表明，丁卯社 1937 年 5 月还有雅集活动，并有油印谜集存世，"其存续前后长达 11 年之久，最后在抗战的烽火中才不得不终止"。

吴瑮（玉林）78 岁，高承溥（雨人）76 岁，林策六（汝魁）65 岁，竹侯 62 岁，黎国廉（六禾）也已 61 岁。张超南感慨系之："社友半高年，有似耆英会。"他在为《跬园谜刊三种》题词中云："君乃老益壮，贯札犹锋利。我亦鬓毛斑，逢场聊作戏。灯下互探索，推敲饶兴致。读君跬园稿，分门而别类。妙语足解颐，往往出新异。世运日迁流，风雅渐废坠。好辞传后人，绝响或可继。"

兴到浑忘已耄年，每逢雅集尚欣然。鱼谐齐客言三字，蚕隐荀卿赋五篇。春社重来人渐少，华灯初上彩犹愚。与君幸共香山会，快睹云霞十样笺。（吴瑮《跬园谜刊三种·题词》）

5 月，诗贺同学、谜友夏仁虎六十大寿。

一曲阳春和岂难，燕台梁苑久词坛。君著有《和阳春词梁尘词燕筑词》。乌衣江左王长史，皂帽辽东管幼安。玄武湖边搜放失，京华梦里录丛残。又著有《玄武湖志》《旧京遗记》。风波定后枝巢稳，君书斋署"枝巢"。闭户劬书岁月宽。（顾震福《寿夏蔚如六秩》）

"亚兄"方燕年《白话三字经》出版，竹侯诗贺，评价其"以道义课儿孙"。

按：方燕年（1873—1942），字鹤人，安徽定远人。光绪十六年参加光绪庚寅科殿试，登进士二甲八十四名。曾担任山东提学使、山东省候补道任监督事、官立山东大学堂（山东大学前身）第二任校长。出版过《蒙学韵言》《瀛洲观学记》《白话三字经》等书籍。

6月，南菁校友汪荣宝病逝。

澄江昔日两朱颜，输于蓬莱采药还。手稿讹传经劫火，别寻福地入名山。吴县汪衮父同年，曩同在书院肄业，著《法言义疏》稿，在沪传闻遭兵燹颇懊丧。（顾震福《感逝诗》）

按：汪荣宝（1878—1933），字衮父，江苏苏州人。官长沙知府。少受业于黄体芳及黄道周，好训诂词章。留学日本早稻田大学，尝师事章太炎，归国后任京师译学馆教习。1922年转驻日公使，回国后任陆海空军副司令部行营参议、外交委员会委员长。著有《思玄堂诗集》《清史讲义》《中国历史教科书》《法言义疏》《汪荣宝日记》等。

徐钟恂《花隐诗存》出版，竹侯作序。阜宁裴梱（梓青）跋云："所居植花盈庭，相过从无杂宾，抑塞之极。间藉诗钟、隐语与朋侪嬉戏。"

绍泉续承门学，为诗文得味静余味，通籍授编修值史馆……联吟射覆，恒与予俱。嗣予客幽燕，犹屡寄庾词与北平社友相商榷……予近搜所作隐语，已为刊《佳趣轩谜存》。（顾震福《花隐诗存·序》）

仲秋，京师大学堂的校友、方燕年的堂弟方燕庚（希伯）为《凡民谜存》题签。

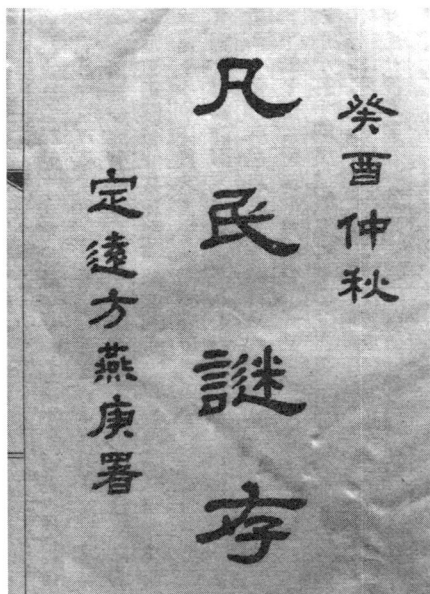

《凡民谜存》，方燕庚题签

8月，竹侯京师大学堂的老师、曾任末代皇帝之师的史学大家柯劭忞病逝于北京。作《哭柯凤笙师》。竹侯在对其师的"感逝诗"尾注云："潍县柯凤笙夫子，大学堂经科监督，治《谷梁传》，评予经说有'前贤那得不畏后生'语。"

按：据1993年北京大学出版社出版的《北京大学史料第一卷》"教职员名单"，柯劭忞于1909年1月到1912年4月间，任北京大学经科监督，并在1910年10月担任京师大学堂总监督。

《跬园谜刊三种》出版。包括3部谜集：

《跬园谜刊三种》

《跬园谜稿》，共六卷，收竹侯谜作 2000 余则。

《凡民谜存》，分上、下卷，加补遗，收入薛宜兴（少卿）的谜作 700 余则。

《商旧社友谜存》，共七卷，收谜 1100 多条。每卷一家，依次为：韦宗海（袖东）《一经庐谜存》，韦宗泗（东川）《逍遥斋谜存》，戚逢年（玉丰）《竹笏轩谜存》，徐钟恂（绍泉）《时得佳趣轩谜存》，叶尔龄（翯亭）《寒盒谜存》，季逢元（凤书）《壶隐谜存》，亢榕门（兴北）《容园谜存》。

按：《跬园谜刊三种》后续出版概况：

1958 年，顾翊群供稿，《跬园谜刊三种》在台北《中华诗苑》（后改名《中华艺苑》）月刊第 8 卷第 3 期开始连载，至第 21 卷第 6 期结束。

1972 年 6 月，经《中华诗苑》发行人兼编辑张作梅介绍，顾翙群提供给台北集思谜社，作为"集思丛书第六种"，出版《跬园谜稿详释》，有顾翙群跋云："余行箧中携有谜稿一部，自大陆而迄美邦来台海，曾应作梅先生之属，将之交由《中华艺苑》分期发表，颇获海内外同好者之赞赏。兹者作梅先生来商，拟将全书予以刊行。"1972 年 6 月，"集思丛书第七种"出版《凡民·商旧谜存详释》。

1975 年 5 月，香港太平艺苑出版《谜林》（第一册），内含《跬园谜稿》影印本；《谜林》（第二册），内含《商旧社友谜存》和《凡民谜存》影印本。

1997 年 5 月，人民日报出版社出版《中华谜书集成》（第三册），内含《跬园谜刊三种》点校本。

2014 年，北京国图书刊服务有限责任公司限量影印复制一套《民国时期文献资料海外拾遗》，共 270 册，收录海外民国文献资料 710 种，第 192 册收录《跬园谜稿》《凡民谜存》《商旧社友谜存》。

虎头未改旧家风，顾生、书痴。顾恺之有三绝，其一痴绝。官虎头将军，人号为"虎头痴"。史隽经腴晚岁中。老饕。燕子春灯寻梦影，翩翩、夜明、续黄粱。古诗："翩翩堂上燕。阮大铖有《燕子笺》《春灯谜》曲。卢生遇吕翁，梦醒黄粱熟。爪痕雪上半消融。鸿、泥书生。苏诗：人生到处知何似，好似飞鸿踏雪泥，雪上偶然留指爪。

濠梁庄惠久经过，曾友于、凤阳士人。谓寿州薛少卿。濠梁在凤阳，寿州是其属县。枌社春醪醉更多。邑人、酒友。谓曾与乡亲韦、徐诸公觞咏。剩得分曹红蜡泪，二商、双灯。李义山诗：分曹射覆蜡灯红。肯疏铁网失搜罗。保住、珊瑚。唐《西域传》：海中珊瑚，海人堕铁网取之。

（顾震福《自题〈跬园谜稿〉及社友谜存》）

按：此七律诗谜，分别猜射《聊斋志异》篇目名，载《跬园谜稿》卷四。此类"集锦谜"，《跬园谜稿》中尚有《为北平射虎社续征社友启》，射85个曲牌；《致山阳某社友书》射"饮片三十二"；《姑苏怀古》《西湖怀古》，各射四子人十；《故都怀古》《金陵怀古》，各射泊人八；还有一首《蝶恋花》词，猜射10个《聊斋志异》篇目。另外，张起南的《橐园春灯话》篇首亦有《拟集〈谜海〉戏为征谜启》，隐射60个"聊斋"篇目；高步瀛《张味鲈续春灯话序》，隐"本草正名别名共一百四十二"；《小琅嬛仙馆谜话》亦曾载海棠颠客制《寄外》书笺二首，一致一答，均隐志目数十个。

关于此类谜，竹侯在《跬园谜稿》凡例中认为："诗词函启隐射谜底多则，明末清初，即有是制，往往语近疑似，不能如独脚虎之字字切合。兹编偶为摹仿，牵强浮泛，仍不能免。姑备一格，亦录一二。"

送《跬园谜刊三种》给老师孙雄。孙为其题诗，竹侯和诗答谢。

萧萧易水寒风起，落叶联吟又几秋。丈曾赋《落叶》四章，和者甚众。阁上画图诗史续，丈选《道咸同光四朝诗》，近由溥君心畬为绘《诗史阁图》。壁中丝竹古经留。集编酬唱争传颂，韵叠尖叉尚访求。近又编《忧吁酬唱集》叠韵至百余首。想为郑公作生日，百觚尽碎足消忧。丈编有《名贤生日诗集》。康成生日距丈寿辰仅数日。（顾震福《谜稿刊成呈师郑孙丈承为题句依韵谨酬（之一）》）

9月，署"跬园贩叟淮安顾震福竹侯氏"，为潮州谢会心《辍耕谈虎录》撰序，评价此书"诚迷津之宝筏，暗室之明灯也"。且独到分析了谢氏名著《评注灯虎辨类》产生背景：因为"前代之制，驯顺稚弱，义既浅率，取类亦寡。乾嘉以后，体制又变，猛勇精悍，如生龙活虎之不可捉摸"。到了清代，"作者避熟就生，又不得不再辟蹊径。于是增订条例，五花八门……所以有《辨类》之作也"。

岭南故多虎痴，顺德黎六禾，番禺林第六、杜鹿笙，皆绣虎妙手，与余订交有年矣。独识先生最晚……余曾谓我国学术，今不逮古，然治学方式，系统有归纳，实较昔人为密。况文虎进化，后来居上，当世欠定评，得先生整理，以治学者治谜，先后逻辑，纲举目张，雅俗、庄谐，有条不紊，俾读者明辨以晰，触类旁通，能解、能射且能作。（顾震福《辍耕谈虎录·序》）①

按：《辍耕谈虎录》成稿于 1933 年左右，但当时未能出版，书稿后遭毁损。部分稿件曾连载于 1936 年武汉的《文虎》半月刊中。2019 年，残稿被丁培坤先生编进《会心遗韵》出版。

"忆昔都门共吟社，霜天夜打寒山钟。"寒山诗钟社社友、谜友邵次公来函谈治学，竹侯作《邵次公来书劝学率赋奉答》，自注云："君曾言，治国学宜守家法。近人每附会时事，非正宗也。余极韪之。"

按：邵瑞彭（1887—1937），字次公，浙江淳安人。1911 年毕业于浙江两级师范学堂优级史地科，精研齐诗、《淮南子》及古历算。历任众议院议员、临时参政院参政、善后会议议员。1913 年，当选国会众议院议员，素以仗义秉公、耿直敢言著闻。同盟会和南社会员，寒山诗钟社成员，樊增祥曾有"邵子晚入寒山社，意新语僻世讥骂"之语。加入过北平射虎社、隐秀社。1925 年重返北京，

---

① 丁培坤主编：《会心遗韵》，广西美术出版社，2019 年，第 61 页。

先是出任段祺瑞政府的临时参政院参政，后任北京师范大学、中国学院教授，1931年执教河南大学，1937年病殁开封。著有《扬荷集》《山禽余响》等，并留有《尚书决疑》《古历钩沉》等。

十月初九，在绒线胡同宅中，"值社"丁卯谜社，参加社友有黎国廉、张超南、高承溥、周维华、金子乾、施杏初、许菊圃、刘心朴等。雅集谜作后油印成社刊癸酉第32期，12—21页为竹侯谜作。

丁卯社刊癸酉第32期（"在绒线胡同"）

武汉大学荒村诗社《我们的诗》第1卷第2期出版，刊有雪林女士的旧稿《顾竹侯师以〈观弈〉命题五古一篇》。

孙人和收藏有乡贤手札，册内有刘文淇（孟瞻）、薛寿（介伯）、张穆（石舟，谜家，编著《文虎选》）、丁晏（俭卿）、丁寿昌（颐伯）致刘宝楠（楚桢）、刘恭冕（叔俛）函，还有刘台拱（端临）、刘毓崧（伯山）、朱斌（武曹）、成蓉镜（芙卿）诸先生手迹，弥足珍贵。竹侯《题盐城孙蜀丞藏乡先辈手札》诗句："广陵宿学两姓刘，一籍仪征一宝应……当时朋辈通简毕，旧学商量益精密"句。

面对山河破碎，作《读史杂感》《重有感》等七律十章，感怀"国殇欲吊知何处，风雪漫天泪雨渖"。

民国二十三年，甲戌，公元 1934 年， 63 岁

《青鹤》第 2 卷第 5 期刊发"顾震福辑"《凡民谜存》5 则。

《青鹤》第 2 卷第 6 期刊发灯谜 4 则。

寇莱公贬雷州——放诸南海而准

铁路国有——车从中央

困南唐——井上有李

寓兵于农——取我田畴而伍之

（竹侯《谜语》）

按：这 4 则谜作不知何故漏了谜目，前两则：《礼记》一句；第 3 则：《孟子》一句；第 4 则：古诗一句。

2 月，南京《广播周报》编辑朗秋在该报第 5 期发表《制谜漫谈》长文，提出制谜有五要：要渊博；要机警；要精细；要多看；要洒脱。还有制谜五忌：忌生硬；忌艰僻；忌粗俗；忌穿凿，忌轻率。最后声明："本篇参考资料，有杨汝泉著《灯谜之研究》、顾竹侯著《跬园谜刊》。"

春，顾翊群被政府以"欧美币制金融考察员"身份赴欧美考察，近一年后回国，同李滋罗斯等一起参与了币制改革方案的设计。① 撰《送群儿因公赴欧美》，寄语："横流沧海身偏寄，多难乾坤首重搔。犹幸兰蘅容采撷，不须惜别赋《离骚》。"

诗贺田毓璠七十寿辰。

抱朴全真田子方，随时进退好行藏。早摩燕阙通朝籍，小试牛刀

---

① 孙大权著：《中国经济学的成长——中国经济学社研究（1923—1953）》，上海三联书店，2006 年，第 308 页。

屈宫场。教衍苏湖推雅正，碑传蓼邑颂循良。泗虹别后星霜改，镜里须眉渐老苍。（顾震福《寿田丈耐佣（毓璠）七秩（之一）》）

射覆分曹别有情，苦温旧梦恋承平。劫余坛坫衰颓甚，闲雅多君尚主盟。

庚癸河鱼有旧因，隐书只惜久沉湮。若非锦字年年绣，怎得鸳针度后人。

粉社流风七子存，藻思绮合妙难论。零缣碎锦重搜集，都是灯窗旧梦痕。

蜻阶廋语鲭腴隐，前辈书曾到处看。旧本迩来不多见，愿君校释更重刊。（田毓璠《跬园谜刊三种·题词》）

按：田毓璠（1865—1954），字鲁渔，号孚庵，晚号耐佣。系持白公主讲丽正书院时的学生。清末进士。江苏淮安人。当代作家袁鹰（原名田钟洛）的祖父。历任知县、知州。入民国后，热衷地方公益事业、兴办实业。新中国成立后任江苏省文史馆馆员。

3月，南京《广播周报》第10期征猜"本期谜面"，刊发淮阴李嘉桢谜作：哼哈二将（六才三句）。该报猜者及长期作者吴克岐有感而发——旧有画谜：绘两皂隶执杖对立堂下，射六才"一个这壁，一个那壁，一递一声长吁气"。后人以"哼哈二将"射之；近人顾竹侯又以"对抽鸦片烟"射之，均极惟妙惟肖。余以"牛衣对泣"射之，似有雅俗之分。此论后被收入他的《犬窝谜话》卷一。

赠浙江图书馆等各大图书馆《跬园谜刊三种》。①

游泰山，过蚌埠、滁州、南京，每地皆有诗作。到上海住顾翊

---

① 《浙江图书馆馆刊》，1934年第2期，第5页。

经、顾翊群处，有《沪上住经群寓》《申江杂感》诗。此时的翊经，在其两个舅舅孙多鑫、孙多森创办的阜丰面粉厂任协理。

与父亲的弟子、同乡谜友秦遇赓在上海相聚。参加王调生宴请的旅沪淮安同乡会，同席有罗振常（子静）、秦襄虞等。

勺水渔歌久不闻，喜从海上聚鸥群。江湖流寓归熙甫，书画生涯郑广文。乡梦浮沉淮浦月，世情翻覆楚天云。未防倾倒王子平，为解衰颜借酒醺。（顾震福《王调生招同寓沪淮友子静竟夫南村经农集饮酒楼即席有赠》）

中孚银行上海分行经理孙景西邀游其在沪郊的大场别墅，"并读其《场居杂咏》口占率题"。

学生朱学静、黄英（庐隐）因难产去世，痛赋《闻朱生学静黄生庐隐先后在沪逝世凄然有作》，深情回忆朱学静"前于归时，予适在沪，为作颂辞"，叹"竟为儿女殉，闻讣总伤神"。

旧友、《回教民族运动史》作者陈捷来访，作诗《喜陈啸仙（捷）过谈》。

参观次孙以任就读的交通大学。1933 年 9 月 9 日《交大三日刊》中，顾以任名列上海机械工程学院新生名单。[1]

二十年前两度游，曾看汝叔此藏修。经儿前在此校土木工程系毕业。培才犹有扶轮望，闭户何妨合辙谋。莼菜江乡毋久恋，竹林蹊径且重由。寰区未易同文轨，好向车书作意求。（顾震福《交通大学示次孙以任》）

钱币收藏家赵权之从云南回到上海，相赠珍稀金银币数种，作

---

① 霍有光、顾利民编著：《南洋公学 交通大学年谱》，陕西人民出版社，2002 年，第 330 页。

诗《赵权之自滇返沪以所得金银币数品赠予颇新奇赋此以报》，中有"燕市寻古欢，曾搜旧刀币"句。

手写寄赠钱南扬《灯窗漫录》六则。因为这是竹侯的亲历、亲闻，翔实而完整，这个稿本的史料价值不容置疑。

自完成《谜史》后，先生（钱南扬）继续对谜语及谜史加以研究，一方面继续搜集有关谜语及谜史的材料，如在1934年，他从顾竹侯处得到了《灯窗漫录》的稿本，其中记述了清末民初的北平射虎社、隐秀社、学余社游艺会、丁卯社等四个谜社的组织和活动情况，并介绍了《隐语鲭腴》《蜓阶庼词》两部谜籍的作者和主要内容，先生在顾竹侯寄赠的稿本卷首对顾竹侯的生平与此稿本的来历作了说明，云："顾竹侯，名震福，淮安人。所作有《小学钩沉续编》《跬园谜稿》《商旧社友谜存》等书。此《灯窗漫录》六则，承手写寄赠，虽非全稿，然此书未见刊行，原稿不知流落何处。即此数则，亦足珍贵矣。"（俞为民：《钱南扬先生的民间文学研究与〈谜史〉的学术价值》）①

按：钱氏因觉"《谜史》'书籍'一门阙漏最多，顷拟增补重印"，故向张郁庭等谜界前辈、名家"求援"，请求各谜家"将尊藏谜籍之版本及作者姓氏、名号、里贯见示"。② 故竹侯手写稿本，恐系这个时期应邀寄赠钱氏的。另外，稿本中关于丁卯社等资料的时间记载仅至1933年，也是1934年寄赠钱氏的旁证。

仲冬，诗家孙雄为《跬园诗钞》撰序，中肯评价竹侯的诗作："今读君诗，辛亥以前，年少气盛，即事多忻，所谓安以乐者，篇

① 《谜也者》，2018年第1期《纪念〈谜史〉出版九十周年特辑》，第9页。
② 刘二安、徐成校主编：《谜史丛谈》，中华书局，2018年，第319页。

中尚十得七八。壬子而后，麦秀之歌，苕华之什，伤离念乱，谓非哀怨之变风欤。"

民国二十四年，乙亥，公元1935年， 64岁

正月初七，与方燕年（鹤人）酬唱"叠韵再赠"。

正月二十一、二十八，在"值社"者林策六打磨厂宅中，参加丁卯雅集，社友有：黎国廉、高承溥、金子乾、孙经存等15人。谜作后油印成社刊乙亥第2—3期合刊，系丁卯油印社刊总第306—307期。①

书斋（诗）所可读也

仲可怀也（诗）尔牧来思

曲礼（诗，解铃）乐且有仪

谷臣（左）位在七人之下

冉有仆（左）使求从舆人

反璧受殡（《檀弓》）其谢也可食

道不拾遗（七唐）花钿委地无人收

信（《诗品》）语不涉己

帝在位三十年（《三字经》）居二世

晚讲新学（六才）夕阳古

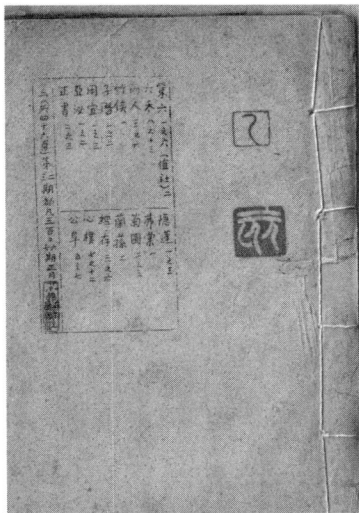

丁卯社刊乙亥第2—3期合集

---

① 丁卯谜社乙亥油印谜集，现藏安阳谜家刘二安处。

道无人语

按：此谜面为自撰，以会意法扣合：晚，夕阳；讲新学，反扣"古道无人语"。"俗不伤雅"，这是竹侯对自撰谜面的要求。他在《跬园谜稿》凡例中认为："是编谜面以故事及成句为多，然亦间有杜撰，冀与谜底牵合者，但总以俗不伤雅为主。"

方比也（六才）恰才较些

只见汝送人作郡（志）罗祖

（竹侯·丁卯社刊乙亥第 2—3 期合刊）①

按：丁卯社刊及本谱中，有些谜目系略写或冷僻，兹作解释：诗，《诗经》；四书、四子，即《大学》《中庸》《论语》《孟子》的合称（四子人，即四书中的人名）；左，《左传》（左人，《左传》中的人名）；《檀弓》，《礼记》中的一篇；《诗品》，唐诗人司空图的《二十四诗品》；六才，指"第六才子书"王实甫的《西厢记》；易，即《易经》；谚，谚语；千文，指南朝梁代周兴嗣所撰《千字文》；石人、红人，《红楼梦》（《石头记》）人名；泊人、泊名，《水浒传》人名（泊：水泊梁山）；泊诨、泊号，《水浒传》人的绰号。

二月初六、二月二十，参与丁卯谜社雅集，谜作分别收入社刊乙亥第 4 期、第 6 期。②

爱河（四子）淡而不厌

容再致谢（四子）又从为之辞

恭送行旌（四子）不敬何以别乎

---

① 丁卯谜社乙亥油印谜集，现藏安阳谜家刘二安处。
② 丁卯谜社乙亥油印谜集，现藏安阳谜家刘二安处。

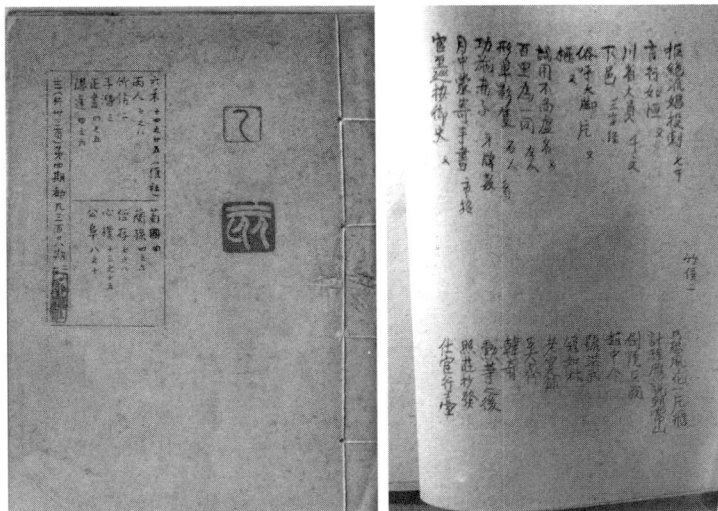

丁卯社刊乙亥第4期封面及竹侯作品页面

聊当献芹（四子）与礼之轻者而比之

题诗寄草堂（四子）作者七人矣

显父母（易）易之则有亲

神行太保（书）惟十有三祀

尊前称名（书）于父不能字厥子

汉兴以火德王（书）肇我邦于有夏

上人（诗）其下维谷

乾鱼（诗）天作之合

周家后裔（诗）彼稷之苗

拒绝流娼投刺（七千）只恐风花一片飞

言行如恒（七千）计程应说到常山

川省大员（千文）剑号巨阙

下邑（《三字经》）赵中令

俗呼大脚片（《三字经》）号洪武

榧（《三字经》）冠如林

试用不尚虚名（《三字经》）考实录

百里为一同（左人）奚齐

形单影只（石人，系铃）韩奇

功施赤子（牙牌数）勋华之后

月中蒙寄手书（市招）照庄抄发

官至巡按御史（市招）仕宦行台

（竹侯·丁卯社刊乙亥第 4 期）①

妲己至（四子）后来其苏

龟山谏稿无存（四子）未有疏于此时者也

妹喜至（四子）彼以爱兄之道来

中军不敢前进（诗，移铃）左右陈行

光义初即位（七千）太平天子朝元日

门换新符（七千）桃红又是一年春

郁郁乎文哉（四子人）华周

天有三百六十度（四子人）周霄

使老有所养壮有所长（《诗品》）生者百岁

列车（《诗品》）御风蓬叶

寅申遇卯酉（泊人）林冲

泰山敢当（泊人）石勇

子反闻之（六才）侧着耳朵儿听

---

① 丁卯谜社乙亥油印谜集，现藏安阳谜家刘二安处。

黄河水平桥（六才）带齐梁

冀马一空（牙牌数）骑梁不成

溺爱（戏）女起解

葭莩增光（石人）戚建辉

快车（饮片）急流水

商乐（谚）人无笑脸休开店

晓起摘黄花（谚）一朝权在手

（竹侯·丁卯社刊乙亥第 6 期）

春末到上海，翊经、翊群相伴左右，与亲朋故旧"连日小集"，意外遂了"故园心"——访得老友遗著《勺湖志》原稿。

散处亲朋未易寻，江楼何幸共登临。八旬杖履犹诗酒，次衡年七十九。一座衣冠已古今。同座少年多西装。海国风涛前夜梦，湖庄烟水故园心。访得《勺湖志》原稿，拟录副。输他市隐兼书癖，变徵声中振雅音。罗子静寓沪辟蟬隐庐旧书肆廿余年矣，顷以所著《征声集》持赠。（顾震福《春暮莅沪胡楚卿裴梓卿先后同来与次衡子静竟夫经农调生竹尊昆仲连日小集楚卿嗣君仲文暨儿辈经群随侍》）

按：周铨，字次衡，周钧堂弟，系丽正书院学生、段朝端弟子，光绪丙子补博士弟子，己丑科举人，常熟教谕；与竹侯同任《续纂山阳县志》分纂。罗振常（1875—1942），字子经，又字子静。浙江上虞人，侨居淮安，罗振玉的季弟。创设蟬隐庐，收售一般古旧书外，还自行刊印一些历代典籍销售。著有《南唐二主同词汇校》《洹洛访古记》《征声词》《暹罗载记》等。

5 月，南京《广播周报》第 20 期"谜之商讨"栏，刊发吴轩丞（克岐）文，列数古今谜家专集、谜语选本。编者朗秋加按语云："淮安顾竹侯先生，久居北平，喜制谜，曾联络同志，组织谜社，甚为社会推许。曾自刊《跬园谜刊》四册，材料非常新颖丰富，在近刊谜集中，堪称权威之作，特以吴君未曾提及该书，特为附此介绍。"

该年，孙女以份就读私立沪江大学银行系二年级，以佩就读大同大学。作《孙女以份以佩入沪江大同两大学书此训勉》。

按：以佩等五姐妹后成为赫赫有名的顾氏"红色姐妹花"。顾以佩（1916—2014），改名林如彤，原广州外国语学院副院长；顾以信，原新华通讯总社高级编辑；顾以份（芬），原国家财政部工作人员；顾以佶，中华人民共和国原驻联合国人权代表；顾以仁，中华人民共和国原驻联合国人权副代表。

冯沅君留法归国，陶玄和罗静轩从江苏、安徽来北平，竹侯邀这些弟子"及门小集"，欢聚一堂，"青眼高歌诸子望，苍颜薄醉老人欢"。谈及武进同学吴琬近期"溘逝，皆为叹惋"。

夏，回淮喜与诸文友把酒话旧。赋《返淮》四章。

乙亥孟夏，买舟返里，与诸乡丈杯酒道故，欢若平生，见者咸谓府君康健犹昔也。（《顾竹侯先生讣告·行述》）[1]

亲旧幸犹存，招邀集里门。高怀风近古，短褐雪留痕。重望乡三老，清谈酒一樽。独怜何子暂，天末寄蓬根。侣邠令弟子吉同年时客海东。

昔时觞咏地，把臂又同过。别久情弥挚，时危感更多。江淮伤薄俗，燕赵问悲歌。娓娓言难尽，疏帘月漾波。（顾震福《田丈耐佣暨芸阁韬叟侣邠少文梓卿潞生辈连日集饮》）

一叶扁舟泛勺湖，旧游侪辈曙星孤。西河近又埋荒草，小志陈编

---

① 刘家平、苏晓君编：《中华历史人物别传集》第82册，线装书局，2003年，第284页。

访得无。毛君元征曩编《勺湖志》，予曾助搜辑。（顾震福《返淮（之三）》）

仲秋，"僚婿"方燕年为《跬园诗钞》撰序，开篇即曰："淮安顾竹侯，娶于孙，燕年先今再娶于孙，两家之室，从父兄弟也。故余识竹侯旧矣。"

重阳节，与李经畲诸遗老再游陶然亭，赋《九日侍李丈新吾暨诸耆宿集陶然亭》。

孙雄（师郑）卒。

童子雕虫曾自笑，老来依旧作迂儒。碑题斋白空摹汉，钟听枫桥久去吴。寒山诗钟社散后已十余年。辽鹤遥飞归岂易，峡猿长啸泪将枯。闽中况又红羊阨，南望江天独叹吁。（顾震福《谜稿刊成呈师郑孙丈承为题句依韵谨酬（之二）》）

70年后，辗转搜得父亲持白公乙丑科殿试答卷。作长诗《访得先大夫同治乙丑科殿试策卷恭藏感赋》。有"忽传卷轴出故宫，中有府君旧文字。辗转求来什袭藏，一回拜诵一涕泪"句。

杨柳青青外，新芦笋乍生。芳时三月暮，飞絮一村晴。绕岸泥沾颖，漫天雪有声。短芽扶石纣，碎影穿帘旌。日暖河豚上，风香粉蝶轻。半塘春水活，十里晓烟横。渔蓑沙边路，人家画里城。液池宸赏惬，波老句重赓。本房加批：清思雪涤，秀韵天成。（顾云臣《赋得"芦笋生时柳絮飞"，得"生"字，五言八韵》）①

因回淮，久未参与丁卯社谜事活动，周维华（公阜）来函相催，呈诗戏答。

诗僧老去懒推敲，如水宁忘耐久交。拼向门前题午字，牛头不出共诙嘲。（顾震福《谜社久未与会公阜函催赋此戏答兼柬同社诸子》）

---

① 顾廷龙主编：《清代硃卷集成》（27），台北成文出版社，1992年，第130页。

徐宾华格言遗墨旧粘屏风，由其子徐贞儒装饰一新，请竹侯题诗。感慨"先公觞咏屡招邀，徐勉清谈交更密"，作长诗"赋此以报"。

上海集币家张晋来北平宅中赏清代钱币。

按：竹侯所藏钱币，1956 年被顾翊辰（伯笙）、顾翊威（味儒）捐献给中国人民银行。1956 年 9 月 5 日《人民日报》第 7 版刊登消息《顾伯笙等捐献历史货币》，"其中仅顾伯笙、顾味儒两先生捐献的古钱和近代金属货币达八百余种，计五千余枚……据有经验的人士谈，他们捐献的历史货币，颇有研究参考价值。中国人民银行为了表示感谢，曾备置纪念品赠送给他们"。

11 月，钱用和的《韵荷存稿》由京华印书馆出版，蔡元培、叶楚伧等人题词，竹侯题诗《韵荷同学以存稿见示率题奉赠》。

冬，与寓居在扬州盐商马氏玲珑馆旧址上的周峋芝互相酬唱，有"方朔滑稽谐语妙，孝标疾俗绝交多"联。

妻子的舅舅李经畲逝世。

早随遗老挂朝冠，笔削仍推旧史官。剩有篆文传玉筯，谁名墓志为书丹。舅丈合肥李新吾，历官史职，国变后仍续编纂，工篆书，颇行世。（顾震福《感逝诗》）

按：李经畲（1858—1935），字伯雄，号新吾，安徽合肥人。李瀚章长子。光绪壬午江南乡试举人，庚寅恩科进士，殿试二甲，朝考一等。改翰林院庶吉士，授职编修，历任翰林院撰

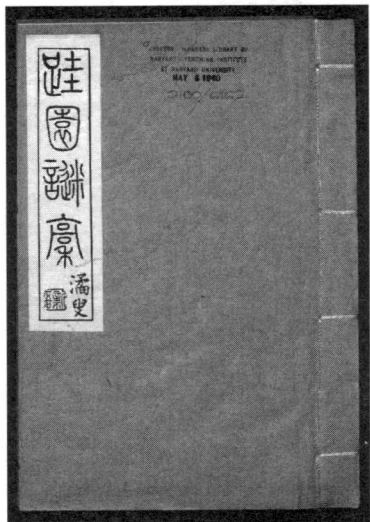

《跬园谜稿》，李经畲篆书题签

文、侍讲，实录馆提调，兵部武选司员外郎。二品顶戴，赐紫禁城骑马，诰授光禄大夫。为《跬园谜稿》封面篆书题签。

作《感逝诗五十首》，怀念 50 余位已故师友，与《自述》一道，作为《跬园诗钞》的卷尾。

灯味回思雅故斋，儿时读书函雅故斋，一称味灯轩。父师清训负江淮。玄文覆瓿终何补，曲学阿时久不谐。别业农商任儿辈，每从诗酒聚吾侪。勺湖剩有渔翁唱，聊借村歌述老怀。（顾震福《自述》）

腊八，自序《跬园诗钞》毕。

是年，由中国银行总管理处经济研究室编辑出版的《全国银行年鉴（中华民国二十四年）》"第七章 银行人名录"载："顾震福：上海中孚银行监察人。"顾翊群曾任该行上海分行副理，顾翊辰、顾翊威亦供职于北平分行。

民国二十五年，丙子，公元 1936 年， 65 岁

3 月，《跬园诗钞》6 卷付印。

今岁三月，复取审定《诗钞》付印。躬自校雠，赠送亲友，神志怡悦，了无病征。（《顾竹侯先生讣告·行述》）

顾困于帖括，囿于考据，未暇多作。易代家居，诸旧好挂冠归里，感叹今昔，间与唱酬。京国重游，益增哀乐，感时纪事，积稿渐多，自维浅陋，未敢示人。年近七旬，知难进益，学风丕变，后此又无可与语。（顾震福《跬园诗钞·自序》）

按：1960 年 8 月，顾翊群在台北佩文书社重印《跬园诗钞》。增加张昭芹、李渔叔、成惕轩的《重刊〈跬园诗钞〉·序》，以及

《跬园诗钞》，傅增湘题签

谭光、张闻声、梁寒操、庄幼岳、李普同、黄湘屏等人的卷末题字、题词。该年11月，苏雪林寄了一本极可能是此版本的《跬园诗钞》给胡适。胡适在11月20日给苏的复函中特别写道："谢谢你寄的顾先生的《跬园诗钞》。"另据《胡适日记》载，1961年10月11日，顾翊群拜访胡适，带去他自己的《李商隐评论》和《抱拙斋集》《跬园诗钞》。后胡适把这些书都送给了历史语言研究所图书馆。

赠燕京大学图书馆、苏州图书馆等各大图书馆《跬园诗钞》。①

3月15日，武汉《文虎》半月刊创刊。前武汉《文虎》周刊共12期，为第1卷；此半月刊为第2卷。

女弟子孙祥偈的《荪荃词》出版，竹侯在其卷首"题辞"三诗。

补天填海抱豪情，记得高歌四座惊。世味年来都勘破，风雷删尽不平鸣。（顾震福《荪荃诗词集藉博一粲（之一）》）

---

① 《燕京大学图书馆报》1936年第89期；1936年《江苏省立苏州图书馆年刊》。

吴克岐在《犬窝谜话》稿本中多次评介竹侯其人、其谜、其著，认为"味鲈以性灵胜，而久客于湘；竹侯以功力胜，而久客于燕，故有'南张北顾'之称"。稿本中前后赏析竹侯谜作达 200 余则，尤激赏其创新，"《跬园谜稿》中尚有四种，为他谜稿所未见者，叠韵、谐声、射雕、射覆是也"。

淮安顾竹侯（震福），以名孝廉，精经术词章、金石文字，著作等身，尤嗜谜语。在淮创商旧社，旅沪入萍社，寓北平最久，射虎、隐秀、丁卯等社，罔不参加，与味鲈有"南张北顾"之称，著有《跬园谜稿》六卷，婉转变化，深入显出，以启迪后进为依归，收拾坠绪为宗旨……竹侯学识兼优，老而弥笃，又久居通衢大邑，日夕与诸同志游，故所作无体不备，无懈可击。（吴克岐《犬窝谜话》）①

按：吴克岐（1870—?），字轩丞，号忏玉生、犬窝老人。江苏盱眙人。谜学家、红学家、词学家。受族叔曾祖吴棠、叔祖吴炳和等族人好谜影响，少嗜灯谜，12 岁即作谜。《犬窝谜话》（五卷）稿本，藏于南京图书馆，1986 年由广陵古籍刻印社影印出版。其谜学著述还有《隐囊》（16 卷）、《忏玉楼谜稿》等。红学、词学著作有《犬窝谭红》《忏玉楼丛书提要》《读红小识》《词女词抄》《词女五录》《犬窝五代词矩》《犬窝北宋词矩》等。

《安徽通志稿·金石古物考》出版，卷十六关于"重金九钱四分"，引用了顾震福《郢爰陈爰考释》的考释成果。②

4 月 5 日（农历三月十四），清明节。参加丁卯谜社雅集。"值

---

① 吴克岐著：《犬窝谜话》，江苏广陵古籍刻印社，1986 年，第 12 页。
② 徐乃昌纂：《安徽通志·金石古物考》，安徽通志馆，1936 年，第 9 页。

社"者黎国廉，参与者：六禾、蟹庐、雨人、竹侯、子潜、用宜、挽澜、杏初、经存、正书、心朴、公阜，谜作收入社刊丙子第8期（总343期）。

几天后，竹侯就离开人世，离开了他一生钟爱的灯谜。以下的24则谜作，极有可能是竹侯先生最后的作品。感谢谜家、收藏家章镳先生无私提供他的独家珍藏，能让我们在80多年后，有幸一睹竹侯先生最后的谜艺风采。

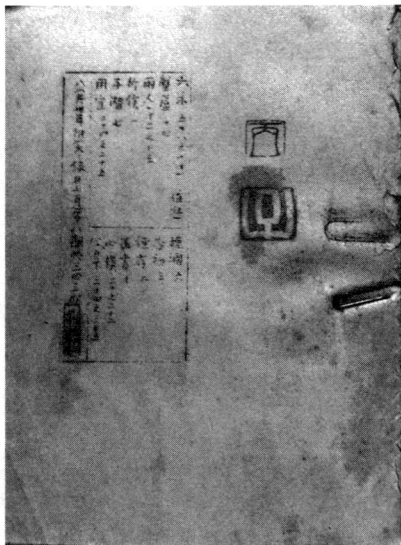

丁卯社刊丙子第8期

象忧（书）罔有不说

星光（诗）庶民采之

公敛阳请追之孟孙吊许（诗）不敢暴虎

昭其天也（诗）薄言采之

放生（左）纵弗能死

雅歌（左）乌乌之声乐

贾让（左）南风不竞

姚崇（礼）有虞氏之尊也

贡禹（国策）生王之头

隋之隐士（唐文）杨氏潜其名

寺人孟子（宋文）天者为宫

龙盾之合（四子人）比干

上书言旱灾（四子人）陈亢

面上有阴骘文（三国人）庞德

夫妇之愚（三国人）吕蒙

群游叶氏名园（七千）看花同上水心亭

观止（五千）道由白云尽

私运鸦片（五千）人烟小径通

游对马岛（五千）登临近日边

逢乙月建（志）橘树

秋曹（志）胡大姑

乐正子春（谚）快活一时说一时

为百里宰（谚）有官同作

公将驰之（谚）有马同骑

（竹侯·丁卯社刊丙子第 8 期）

按：个别刻印错误处，编谱者已改正之。不常见谜目简注如下：书，《尚书》一句；左，《左传》；礼，《礼记》；国策，《战国策》；七千，七言千家诗；五千，五言千家诗；志，《聊斋志异》篇目。

4 月 7 日，参加谜社活动。

国历四月六日，偶坐稷园，次日复赴谜社，寒气隐伏。（《顾竹侯先生讣告·行述》）①

顾竹侯给张郁庭连写两信谈灯谜，但这两封"内函外书三部六册呈　南池子飞龙桥十七号　张郁庭先生启"未及发出即病危。顾

---

① 刘家平、苏晓君编：《中华历史人物别传集》第 82 册，线装书局，2003 年，第 284 页。

翊辰 4 月 21 日将两信一并封缄邮出，并附函说明。此两通信件连同原信封于 2018 年 11 月出现在北京德宝 2018 年秋季拍卖会上。

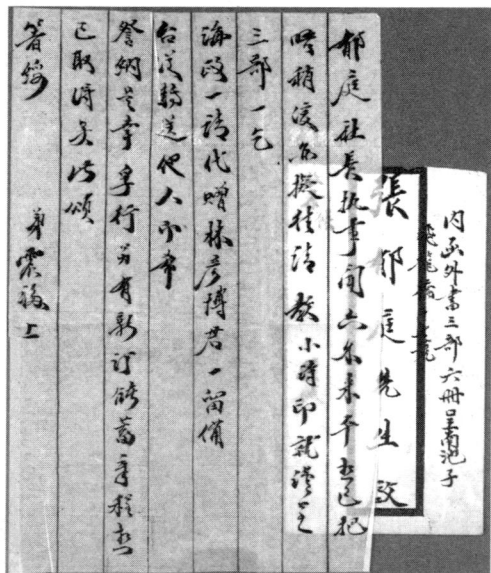

竹侯书函

郁庭社长执事：

闻六禾来平，想已把晤，稍缓亦拟往请教。小诗印就，谨呈三部，一乞海政，一代赠林彦博君，一留备台从转送他人。即希詧纳是幸。孚行另有新订储蓄章程，想已取得矣。

　　　　此颂

　　著绥！

　　　　　　　　　　　　　　　　　　　弟震福　上

郁庭社长词席：

承赠《文虎》，谢谢！嘱叙薛君行谊及鄙人事略呈乞斧削。丁卯社屡次缺席，至歉！中秋后将往候教。社章"每周必聚，中必赠彩"等等，皆不如射虎、隐秀旧章之佳。社员自如执事暨子潜先生亦不多购，颇令人有今昔之感。顾拟邀先生及金君在社坛长美轩前茗叙，何日下午得暇，请与子潜（住址不清悉）商定告知，以便届期把晤何如？

　　　　复颂

　　撰祉

　　　　　　　　　　　　　　　　　社弟顾震福　鞠躬

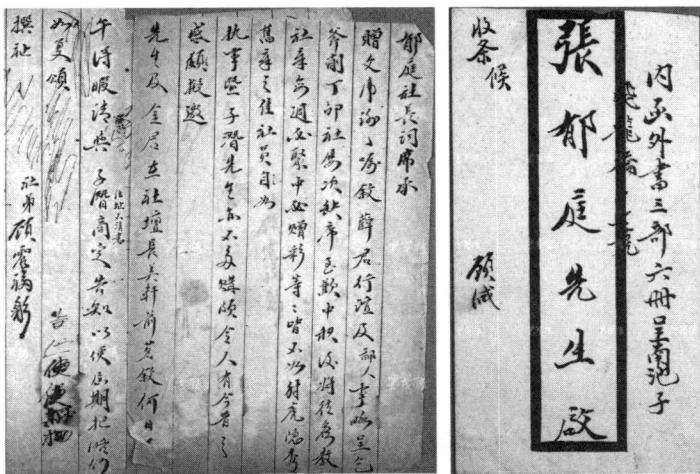

竹侯致张郁庭未及寄出的函件

郁庭老伯大人赐鉴：

先严病仅四日，遽尔弃养。不孝侍奉无状，百身莫赎。辱荷宠赐鸿辞，情真语挚，殁存衔感。顷寻出先严病前所书待发函件，嘱送诗集，敬遵命奉赠三部遗墨，谨一并送请詧收，留作最后纪念。
苫块昏迷，语无伦次。伏希

　　矜鉴

棘人顾翊辰泣血稽颡
四月二十一日

4 月 13 日卯时，顾震福在北平和平门内绒线胡同 194 号家中逝世，终年 65 岁。

九日晨，微感不适，立延汪逢春、朱广相两医诊视。金谓系重感冒。俄转肺炎证象，渐险。急延德医克利来诊，亦谓可危。但神明如常，亲友来问疾者，尚能答询。十二日下午，突加心脏衰弱，神志昏迷，呼吸迫促，虽竭力施治，而已不可挽救。延至十三日晨卯时，竟弃不孝等而长逝矣。(《顾竹侯先生讣告·行述》)①

不孝翊辰、翊戚随侍在侧，亲视含敛。不孝翊经，经商在沪。不孝翊群，因公在美，闻电奔丧，遵礼成服。谨择于国历十一月一日在平设奠，扶榇回籍。十一月十五日在淮设奠。十七日安葬。(《顾竹侯先生讣告·讣闻》)②

蒋中正、孔祥熙、宋子文、张群等为竹侯作"像赞"。

---

① 刘家平、苏晓君编：《中华历史人物别传集》第82册，线装书局，2003年，第284页。
② 刘家平、苏晓君编：《中华历史人物别传集》第82册，线装书局，2003年，第282页。

竹侯先生像赞

廉贞诒矩

蒋中正　敬题

竹侯先生像赞

皓首研经，服膺许郑。等身著作，蒙以养正。门盈桃李，日增月盛。天不慭遗，名留史乘。

孔祥熙　敬题

竹侯先生千古

大雅云亡

宋子文　敬题

蒋中正手迹

覃经绝学，搜隐残篇。汤汤淮流，毓此英贤。服膺许郑，坐忘岁年。云骖不停，日辔俄戾。世播令名，享承好德。蔼矣遗容，庶几邦式。

竹侯先生像赞

张群　拜题

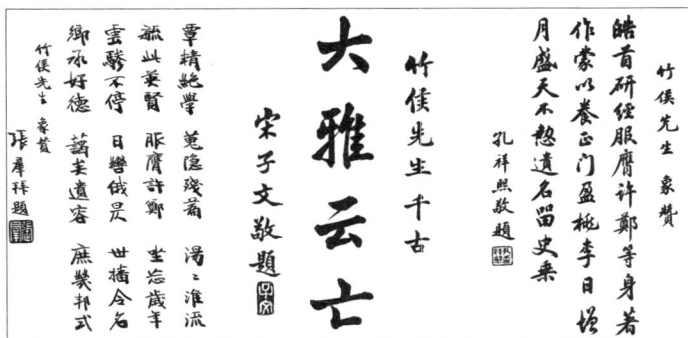

孔祥熙、宋子文、张群所题的悼词

竹侯世尊大人遗像

经师人师，渊源家学。抱拙风高，鲤庭私淋。著述等身，马帐董幄。洛社悠游，名誉南朔。云胡不慭，归真反璞。道貌式瞻，懿欤卓荦。

世愚侄周作民　敬赞

作"竹侯先生像赞"的还有：张嘉璈、翁文灏、陈辉德、周诒春、钱昌照、黄浚、徐新六等。①

按：《北平晚报》4月15日刊发"本市消息"《顾竹侯逝世今日在寓接三》。该报在11月1日第2版刊发"本市消息"《各方吊奠顾竹侯　素车白马　备极哀荣》："银行界闻人顾翊辰、顾翊威昆仲之封翁竹侯先生于本年四月十三日在平寓逝世，今日在平报子街聚贤堂设奠。届时各方友好多往吊奠，当局及各方名流如徐世昌之'清风永怀'，蒋中正、孔祥熙、吴鼎昌、傅增湘、张群、宋子文……多赠送联帐匾额，备极哀荣云。"

《大公报》（天津版）4月15日第6版刊发《淮安顾宅发纼》："顾老太爷竹侯痛于民国廿五年四月十三日卯时寿终于平寓，兹择于国历五月二日家奠成主三日，移灵法源寺，择期开吊，再行讣告。"

---

① 刘家平、苏晓君编：《中华历史人物别传集》第82册，线装书局，2003年，第279页。

主要参考文献：

［1］《跬园谜刊三种》：顾震福著，1933 年。

［2］《跬园诗钞》：顾震福著，1936 年刊本；台北佩文书社，1960 年。

［3］《抱拙斋集》：顾云臣著，1914 年"射阳顾氏"刊本；台北佩文书社，1961 年。

［4］《中华谜书集成（二）》：高伯瑜等编，人民日报出版社，1993 年。

［5］《中华谜书集成（三）》：高伯瑜等编，人民日报出版社，1997 年。

［6］《中华谜语大辞典》：《中华谜语大辞典》编委会编著，安徽文艺出版社，1989 年。

［7］《中国近代期刊篇目汇录》（全六册）：上海图书馆编，上海人民出版社，1965—1981 年。

［8］《文虎》：上海文虎专刊社，1930—1931 年。

［9］《中华历史人物别传集》第 82 册：刘家平、苏晓君编，线装书局，2003 年。

［10］《申报》（影印本）：上海书店，1983 年。

附录 1：

顾氏有故事

山阳县（今江苏省淮安市淮安区）旧有四大家族，前传"丁、何、韦、许"，后云"秦、杨、叶、范"。其实，如果从人丁传衍、政治地位、经济实力、文化影响来说，淮安顾氏也值得拿出来说道说道。

刚正不阿的学政

山阳顾氏世居江南，明末始迁淮安。"始祖德公"。七世祖顾严，字应文。顾震福曾祖父顾廷梁，字湘舟，岁贡生候选儒学训导，"以文学有声庠序"；曾祖母张氏。祖父顾炤，字薪儒，"敕赠儒林郎翰林院庶吉士加一级"；祖母范氏。

顾震福之父顾云臣（1829—1899），字持白、芷清、子青，号琴生、苍波，晚称抱拙老人。"家故寒素，鲜藏书，恒借抄，习熟乃已。"随舅舅范光璧（琴舫）得到启蒙，后师从高紫峰和经学大师丁晏，"通汉唐经说及诗、古文辞"。辛酉科拔贡，同治乙丑进士，"保和殿覆试二等第十四名，殿试二甲第四十六名，朝考一等第十一名，钦点翰林院庶吉士"；充顺天乡试同考官，简放湖南学政。著有《抱拙斋集》《抱拙斋诗存》《跬园杂著》。《抱拙斋集》包括文八卷，其中有辨、考、说、释、论、文、书、序、跋等，诗两卷（附诗余一卷），共四册。状元、后任末代皇帝溥仪的老师陆润庠，在序中对此书作颇高评价："说经诸作，考证详密、议论得中，最为杰构。余如论史事、谈时务以及鉴古酬世诸篇类，皆有功人心世道，非率尔苟作者。文笔修洁，雅近桐城；诗近南宋，其体在放翁、诚斋之间；词律谨严，吐属隽雅。其足与陈、许、秦三先生所著书并传于世。"

同治十二年（1873），顾云臣被选派任湖南学政，主持该省乡试。巧的是，百年前同乡阮学浩也曾任该职，"山阳两学政"一时被传为佳话。《续纂山阳县志》载，阮学浩"以清严著闻，云臣一遵其法"。光绪二年（1876），前湖南临武县训导刘洪泽因案革职，又以岁贡生身份蒙混中举，顾云臣顶住压力，据实上奏，"革员蒙混录科中式，请注销审办，并自请议处"。凤凰厅有一富家子弟，通过行贿，厅试时被拔擢为第一。顾云臣访得其情，坐堂上亲自测试，此人竟然"日不成一字"，顾怒曰："国家抡才，典至重也。若辈敢溷淆乃尔乎？"即解除此人同知职务，并停止委派三年。对于此举，"至今湘人犹称道不衰"。

顾云臣的最大贡献，还在于他"修复勺湖书院，训迪后进"，以及主讲丽正等书院对家乡人才的培育。

阮学浩（1702—1764），字裴园，雍正八年进士，授翰林检讨，曾主持山西、陕西乡试，提督湖南学政，回淮后在淮城西北隅的勺湖建勺湖草堂，又名勺湖书塾，指导士子读书。后世李鸿章曾赞叹："阮裴园太史辟勺湖精舍，奉母讲学，为世名儒。"

顾云臣湖南学政任满后，决心不再返京。他的好友段朝端为他撰的《翰林顾先生传》中，有这样的详细记载："任满，将还朝，念母老，惮远涉，遂乞养归，时年未五十也……他邑争延主书院讲席。君于将母之暇，就裴园太史别业旧址，辟勺湖书塾，聚诸生讲习其中，随材造就，文行交勖，著籍者多得气以去。"

据毛乃庸的《勺湖志》载："会文课士一如阮氏之旧，于是勺湖书院之名久晦复显，时云臣兼主邑丽正书院讲席，执贽者不绝于门，大都知名之士。"这些"知名之士"中，顾家子弟有：顾云松、顾达源、顾震福；本邑的有：田毓璠、朱占鳌、朱占科、詹坦、周钧、何福恒、何福谦、丁宝铨、周珩、李鸿年、邱崧生、王镕之、王恩绎、徐钟恂、陈苑芬、秦遇赓、秦粤生等；"四方之士"则有：程人鹄、汪观身、汪黎庆、范冕、裴枏、尹彦钵、赵必显、王鸿翔、许汝荣、蒋矞、杨士琦、杨士铨、杨士骢、吴增春、孙多森、楼汝增、周龢鼐、周嵩尧、罗振方、张书年……

他除了主讲丽正书院外，还"历十余载，无间寒暑"，在当时淮安府及附近的宿迁钟吾书院、宝应画川书院、阜宁观海书院、安东清涟书院训课士子。因此，淮安文风大振。

他这种重教尚学的精神，不但影响地方的文风，顾氏子孙也深受熏陶。其孙顾翊群在1962年2月写的《勺湖课子图·缘起》中深情回忆："翊群幼年屡随先君子与先母暨兄弟姐妹等至勺湖避暑……自美国任所来台，请程芥子先生为绘《勺湖课子图》。披览再四，早岁情景宛然在望。"

顾云臣一生淡泊名利，介节自持，居官处家布衣蔬食，以"味蔬"作为书斋名，"欲后人知此味，世保此训"。1902年，淮人在勺湖书院旧址，建"阮顾二公祠"。曾就读勺湖书院的六安直隶州知州田毓璠撰联云："泰斗百年间，同兹甄育才贤，曾后先衡岳轺车，淮山木铎；文章千古事，剩此子遗祠宇，共想象阁边桥影，城上钟声。"

如今，书院成云烟，祠宇无残遗，只有勺湖水还在荡漾不息，似在"共想象"昔日的"淮山木铎"与"城上钟声"。

痴迷玩谜藏泉的国文教授

顾震福（1872—1936），字竹侯，号竹廎、跬园，江苏淮安人，文字学家、经学家、著名谜家。光绪二十三年中举，京师大学堂肄业，曾任北京大学、北京女子高等师范学校国文教授。他除了对谜学酷爱一生、名留谜史外，也是专擅考据的文字学家和词曲大家。他在二十二三岁时，就刻印了《小学钩沉续编》八卷、《齐诗遗说续考》一卷、《鲁诗遗说续考》一卷、《韩诗遗说续考》四卷、《毛诗别字》六卷、《周易连语重言释》二卷、《学庸古义会笺》一卷、《隶经杂著甲乙编》各二卷、《籀经琐记》二卷、《敦夙好庐文集》四卷、《札疏》二卷、《考声切韵纂辑》五卷、《崔豹古今注校正》三卷、《方言校补》十三卷及《佚文》一卷、《释名校补》八卷及《佚文》一卷、《孟子刘注辑述》七卷行世。在北京女高师教学之余，编著有《中国文字学》《曲学》《词选》等。

此外，顾震福还是一位古钱币收藏家。他是中国第一个钱币学研究团体古泉学社的"评议员"，与南北泉家交往频繁，藏品丰富。1956年，他的藏品被其子"北京市居民顾伯笙、顾味儒先生"捐献给中国人民银行，"计有殷周以来的各种贝币、布币、刀币、货泉、半两、五铢、制钱等，也有近代的金、银、铜、镍币及纸币"，达 800 余种 5000 余枚。《人民日报》刊发的新闻中说："据有经验的人士谈，他们捐献的历史货币，颇有研究参考价值。"著有《贩翁泉说》（不知是否为竹侯 1926 年所说的"搜考古钱拟撰《泉货通释》"），此书与《淮稗》，记载于其子所撰的《行述》中（《淮稗》在《勺湖志》中亦有记载），但未见行世，或许是未刊稿本。

研究李义山锦瑟诗的经济学家

据《顾竹侯先生讣告》载，顾震福生子五：翊辰、翊经、翊文、翊群、翊威。"惟翊文夙究心诗古文词，年二十不禄"。

顾翊辰（1889—1962），字伯笙，国立北京大学毕业，北洋政府财政部秘书、印铸局主事，中孚银行北平分行文书主任。段朝端称其在同辈中"尤有隽才"，著有《蠖庵类稿》。顾翊经，字仲权，南洋公学（上海交通大学）土木工程科毕业，上海阜丰面粉公司副经理。顾翊威，字味儒，美国印第安纳大学学士，1937 年在胡适任董事长的欧美同学会中担任事务长，天津济安自来水公司经理。

顾震福生四女。长女翊徽嫁杨毓瓒，次女翊纯嫁沈京似，皆早逝；三女翊娴，嫁鄞县章云；四女翊默。

顾翊群无疑是淮安顾氏那一代人中的佼佼者。

顾翊群（1900—1992），字季高。娶李瀚章曾孙女李家蓉（1899—1977）为妻。北京大学预科毕业；留学美国，3 年考获 3 个学位：俄亥俄州立大学经济学硕士、纽约大学会计学硕士及工商管理硕士。1924 年返国后，历任广东省银行总经理、广东省财政部部长、行政院参事。抗战后，在重庆主持中国农民银行工作，并兼财政部常务次长、四行联合总处秘书长。1946 年，任国际货币基金组织中国首任执行干事，旋任该组织财务处负责人。1966 年 2 月，在国际货币基金组织退休，后定居台北。

有关学者认为，顾翊群一生最大的亮点，是参与了法币政策的制定。他和章乃器在法币政策的立场针锋相对，1933 年 8 月 15 日，他向蒋介石条陈《中国货币金融政策草案》，经蒋介石批交宋子文、孔祥熙"采阅"。他针对美国提高银价，提出的治本方法是：实施积极货币政策，压低中国对外汇价，采取金本位之策，对内设立各发行银行的钞票准备金，最终目的为卖出银货。他的主张得到了当局的认可与实施。父亲顾震福去世时，他"正在美接洽将我国存银出售，以充实货币准备基金之归途中，抵国门时已不及见"。1936 年 5 月，他在华府见证了中、美财政部签订《中美白银协定》。

顾翊群自小就喜欢舞文弄墨，1919 年在北大读书期间，与邓中夏、黄日葵、张国焘、许德珩、段锡朋等创办《国民》杂志。他曾自述："公余之暇辄喜操觚撰写，平沪两地之金融刊物以及《东方》《民族》暨《新中国》等杂志，时有拙著发表……抗日圣战胜利后膺命赴美，在国际货币基金任职廿载，公余所写论学文字大多发表于香港《人生》杂志。"

中年时期，顾翊群潜心研究经济，著有《危机时代国际货币金融论衡》《中西社会经济论衡》《管艇书室学术论丛》等。到了晚年，则对中国传统文化情有独钟，著有《李商隐评论》《从二十世纪观点看中华文化》《危机时代的中西文化》等。《卞白眉日记》载，1962 年 6 月 13 日，卞做客顾宅，看到他所作的演讲稿《儒家思想挽救世界危机》（后收录于《管艇书室人文论著译述汇刊》，改题为《儒家思想与世界危机》）。《危机时代的中西文化》深刻剖析了中西文化冲突和民族危机的背景、根源、挑战，1971 年三民书局出版后，反响颇大，1986 年出版了第 3 版。1973 年 1 月，顾祝同题签的《管艇书室人文论著译述汇刊》由台北文景书局出版，顾氏宗亲会发行，该书系作者"搜罗居美暨来台后历年所翻译与撰著文字而尚未收录集刊者，汇编为一册"。

关于《李商隐评论》，还有一段小插曲。顾翊群"幼时承先母口授义山诗成诵，及长至老，喜之不忘"。以锦瑟诗为代表的李商隐（义山）的诗歌，是古今有名的诗谜，晦涩难懂。妙的是，一生酷爱猜谜的顾震福未去破解，而顾翊群、苏雪林这两个跟谜家有着密切关系的人，不约而同地去解谜索隐。顾翊群用弗洛伊德的精神分析学，来分析义山的诗，"为义山辩诬，私衷在补诸家之阙"，不想竟"惊倒全球的学者"。

《李商隐评论》分上、中、下三编，中编《李商隐之恋爱结婚与悼亡》，专章批评苏雪林《李义山恋爱事迹考》（又名《玉溪诗谜》）。义山《燕台四首》中的两句："当时欢向掌中销，桃叶桃根双姊妹。"苏雪林认为是实指，在其《玉溪诗谜》一书中说，"桃叶桃根表明卢氏等乃系姊妹"，是指宫嫔飞鸾、轻凤二姊妹而言。而顾翊群则驳苏氏之说，认为绝不可信。大水冲了龙王庙，顾翊群竟与父亲的得意门生苏雪林怼上了！苏雪林以作者系老师哲嗣而不予回应。这场"笔墨官司"，还打到他们共同的偶像、当时台湾的学术泰斗胡适博士那里。

顾翊群对顾氏及乡贤遗著的搜罗、保存、传播，不遗余力，先后在台北出版了祖父的《抱拙斋集》、父亲的《跬园诗钞》《跬园谜稿详释》、妹妹的《熙春阁遗稿》，以及潘德舆的《养一斋诗词集》。

鲜为人知的顾氏 "红色姐妹花"

顾震福仙逝时，有 "孙男七，孙女十二。长孙以伟，燕京大学学士，留学日本。孙女以份等，均肄业平、沪大中小各学校"。

淮安顾氏在这一辈中竟出现了数朵 "红色姐妹花"，她们的故事鲜为人知。

对孙辈命名，顾震福无疑是十分用心的，用 "以" 字排，后缀一字皆是单人旁。孙女就有：以倩、以佐、以俪、以侠、以佩、以佶、以份、以信、以仁、以侹、以俶、以儹……1935 年，本谱所记：孙女以份就读私立沪江大学银行系二年级，以佩就读大同大学。顾震福作《孙女以份以佩入沪江大同两大学书此训勉》，最后谆谆告诫："修学要会通，择交宜审慎。造诣得大成，前程好振奋。"

很显然，后来的事实证明，老祖父的这番 "训勉"，根本没起到作用。没人想到，当时就读大同大学的顾以佩等五姐妹，后来会成为赫赫有名的顾氏 "红色姐妹花"。

而 "叛逆" 首先就从改名开始，顾以佩改名林如彤，顾以份改名顾以芬。

二姐顾以佩，1916 年 5 月出生，1934 年 9 月在上海大同大学经济系读书期间，就加入学生救亡协会。据 2014 年 8 月 2 日《广州日报》刊载的《火红玫瑰圣洁百合——百岁上海千金林如彤的红色之旅》介绍，1935 年，顾以佩参加了中国共产党领导的 "12·16" 上海学界大游行。她后来在回忆文章中写道："那真是声势浩大，气吞山河，如万箭射向侵略者的心脏。我真正地认识到，只有共产党才能救中国。从此，我下定决心，要永远跟党走。"1938年毕业后，经已是共产党员的大妹以佶和龚普生（乔冠华妻子）介绍，加入中国共产党。她以富家小姐的身份作掩护，从事危险的情报传递工作。后因工作需要，她和以佶离开自家的花园洋房，搬入法租界，租用公寓，为的就是掩护上海地下党与延安联系的秘密电台。由于工作出色，得到了潘汉年的赞赏。1941年，身份暴露后上级要求她前往延安。她便和以佶以去重庆相亲为由离开了上海。这一别，竟是和父亲顾翊经、母亲的永别。

顾以佩在《信仰的力量》口述中，这样描述旅程的艰险："为安全起见，我们不走城市走乡村，不走大路走小路。在泥泞的羊肠田埂上不知摔了多少跟头，走坏了多少双鞋，才到了黄河。'过了黄河，就是延安！'大家兴奋地相拥而泣。"

他们一行长途跋涉历时8个多月，才步行至延安。"刚到延安，周总理、邓大姐就请我们到他们家作客。一进门，邓大姐就笑吟吟地说：'让我看看这两位上海小姐！'总理对我们家的情况比较了解，亲切询问我们家的近况，还勉励我们好好学习。当时延安十分艰苦，总理和邓大姐两人共喝一杯茶。"

1946年至1949年，她先后在北方大学及华北大学任职（华北大学所用的其祖父编写的《中国文字学》，她不知见没见过），历任学生科长、教务科长等职。1950年至1952年任广州南方大学第五部副主任。1952年至1957年任华南农学院党委副书记。1957年至1959年任汕头市委副书记。1974年至1983年任广州外国语学院副院长。1983年5月离休。2014年7月18日，顾以佩与世长辞，享年98岁。

大妹顾以佶比以佩小两岁，由于她就读的是基督教美国北浸礼会办的沪江大学（与丈夫俞沛文同校，并在此相识后结婚），所以她一口流利的英语刚到延安就派上了用场。那时，美军观察组刚进驻延安，顾以佶便参与了接待工作，这也让她在被周恩来称为"这是我们外交工作的开始"阶段，就进入了自己毕生为之奋斗的外交工作领域。

1946年，为新中国积蓄外交人才计，俞沛文、顾以佶夫妇经组织批准赴美进修。1954—1965年，夫妇俩先后调任新中国外交部工作直到离休。顾以佶先后任奥地利大使政务参赞（新中国首位女参赞）、常驻联合国日内瓦办事处和瑞士其他国际组织副代表等职。顾以佶在人权领域的不俗表现，使她成为当时中国屈指可数的人权专家，因此被选为联合国"促进和保护人权小组委员会"专家委员。她是我国驻外使馆、常驻国际组织代表团的第一位公使衔女外交官，像她这样有机会到国际舞台闪耀光芒的女外交家，也是当年中国的第一位。

顾以佩在其生前的口述材料中说："我们家兄弟姐妹共六人，五位都参加了共产党。"淮安顾氏另外几朵"红色姐妹花"：四姐顾以信，新华社高级编辑；七姐顾以份（芬），毕业于沪江大学银行系，后为财政部工作人员；小妹顾以仁，曾任中华人民共和国驻联合国人权副代表。

名门相连，大户相通。因为有着姻缘、师生等关系，顾氏与淮安的丁、何、韦、许、秦、杨、叶、范以及谈、罗等家族，建立起千丝万缕的"关系网"。比如：丁晏与顾云臣是师生，顾云臣与何庆芬是"同年"，顾震福与何庆芬是同好（共同爱好灯谜），顾云臣与秦焕是好友，顾氏与韦、杨、范、谈、罗有着各种各样亲戚关系……淮安以外更广的范围，因为有着同样的关系，淮安顾氏与寿州孙家、合肥李家、扬州卞家、泗州杨家……结成了一张更大的"网"。因为顾震福与孙多康、顾翊群与李家蓉、顾翊经与孙多森之女的联姻，使得顾氏与合肥李鸿章家族、寿州孙家蕭家族"亲上加亲"（孙、李两家之间亦有数门姻亲），让淮安顾氏小船驶向更宽广的海洋。因此，顾氏与淮安传统几大家族相比，毫不逊色。

　　顾氏在淮安名门望族中，显得有些神秘，亦有着显著的特色。但是，民众对其知之甚少，文史界挖掘、研究得不多，是淮安历史文化丰厚宝藏中的"遗珠"，有待人们拂去落在其上的浮尘，让其发出自有的光芒。

　　淮安顾氏有故事，且听下回说……

附录 2：

顾震福的谜学观点与贡献

　　顾震福的一生经历丰富。他亲历过第二次公车上书、辛亥革命、五四运动。他的"朋友圈"也是群星闪耀：师友——俞樾、黄以周、罗振玉、孙雄、傅增湘；同事——鲁迅、胡适、李大钊、周作人、刘师培；弟子——冯沅君、苏雪林、庐隐、程俊英、陶玄。大名上过股票，死后蒋中正题词。在历代谜家中，很少人有这样的阅历和这样的哀荣。2000 年，《文虎摘锦》《春灯》《全国灯谜信息》等媒体联合举办的中华灯谜 100 年评选中，顾震福被评选为"20 世纪百佳谜人"，他的"水晶帘卷近秋河（谚语）门外汉"，被评为"20 世纪百佳谜作"。

　　这样一位谜家，他的作品具体有什么特色呢？

谜如其人

　　我觉得是谜如其人。

　　那么，他究竟又是个什么样的人？

　　是位循规蹈矩的缙绅先生、风雅之士。这是相识近 20 年"知之最稔"的谜友张郁庭对他的评价:"顾竹侯如缙绅先生,循规蹈矩,堪为人伦冠冕。"竹侯选编个人谜集时,虽然"先后社友大著,亦间有与拙作暗合者"。但"兹编为避抄袭嫌疑,凡已见某编者,虽自信拙作在先,亦概从割爱"。这就是缙绅先生的风度与肚量。还有一位相交更久、又是亲戚的方焕经这样评价他:"平易近人,坐对终日不见有遽色,口不臧否人物,而腹有春秋。"

什么人都有,什么性格的谜人也都有。顾震福的好友薛宜兴则是这样:"喜讥评,善诙谐,好面折人过,发挥惟恐不尽。"虽是至交,但性格迥异,谜风亦不同。薛宜兴自言:"吾谜多偏锋,顾君竹侯正宗也。"另一落落寡合的"憨戆"社友叶尔龄,顾震福在给他写的传中这样描述:"好臧否人物,莅谜社尤甚。遇不中矩者,则诮让不少徇。人虽服其理之正,未尝不衔其言之戆也。"

那么,循规蹈矩的人是什么样的谜风?也是循规蹈矩、四平八稳。我们来看看:

黎明即起,洒扫庭除(《西厢记》句)收拾得早

面句出自《朱子家训》。谜底"收拾得早"为《西厢记·闹斋》一折之《鸳鸯煞》曲词,原形容张生心想有好事,却"玉人儿归去得疾"早早完结了。此处别解为"黎明即起洒扫,是收拾甚早"之意。扣合既中规中矩,又无懈可击。邵滨军、赵首成在《百年谜品》中点评曰:本谜乍观似无别解,细品之机杼自生。其原因在于底句一旦移换背景,语境即起变化;而语境一变,其中字词自然连带生出新义。

旧棉花胎（五唐）今人多不弹

过去家家户户必用的棉花胎，是用弓敲弹棉花，使之松软，再加工成棉被胎或棉褥垫。"古调虽自爱，今人多不弹。"出自唐代刘长卿的《听弹琴》：我虽然很喜爱这首古时的曲调，但今天人们大多已不去弹奏了。谜眼在于"弹"，由谜面意思的"敲弹"（棉花），谜底转义为"弹奏"（乐器）。旧时的棉花胎，自然是由旧时的人所敲弹出来的，而不是今日的人敲弹出来的。只要识破谜眼，便可一击中的。

十分道地（字）诗

"十分"是"寸"，"道"是"言"，"地"是"土"。不枝不蔓，一目了然，绝无赘言剩义。制谜者平易近人，四平八稳又和颜悦色，猜谜者则如坐春风。

谜学观点

顾震福的谜艺风格，是他谜学观点和创作追求的体现。概括起来，我认为顾震福谜学观点主要有以下几点。

1. 以启迪后进、收拾坠绪为宗旨

张郁庭在《跬园谜刊三种·序》中这样评价顾震福："以启迪后进为依归，以收拾坠绪为宗旨，力求隔反，至老不衰，其致力谜语可谓勤矣。"我们透过顾氏谜艺风格，可以看出他的谜学追求——收拾坠绪、启迪后进。他认为，谜学"区区末艺，与世运文运之兴废胥有关也"，故"冀以延国学之一线者"而不辞。

在这样的依归、宗旨指引下，他的谜作追求雅俗共赏，俗不伤雅，不避"浅显"。他在个人作品集《跬园谜稿·凡例》中说："是编谜语浅显，即借用经史，或唐宋人诗词、成语，亦习见之句为多，本可一目了然，无烦解释。惟为初学藉知来历起见，故于底面意义，详为披露，俾免探索。"

民国及之前的谜人，鲜有"以治学者治谜，先后逻辑，纲举目张"；更无"系统有归纳"的谜学理论。而个人谜集中的"凡例"，往往体现了作者、编者的谜学观点和主张。如清代谜家费源，就在他的《玉荷隐语·凡例》中，亮出了他的灯谜观点：杜绝"出语不典"和"文不成义"，提倡"虽虚字亦不虚设"。同样，《跬园谜稿》的五条凡例，也是顾震福谜学观点的具体体现。

顾震福不避"浅显"的谜学观点和创作实践，为后世谜坛留下来阵阵清风。

菊花从此不需开（战国人）黄歇

作者自注："苏诗，言黄花歇。"确"一目了然，无烦解释"矣。

韦（四书）言及之而不言谓之隐

自注云：言旁及"韦"成讳字，是不言之隐讳。底文见《论语·季氏》，原意是"言语可说的时候，偏不去说，这叫做隐匿"。《百年谜品》解释：入谜则就题面一字进行推理分析："言"及于"韦"，成"讳"；"讳"义乃"不言"（不说出），"不言"也即是有所"隐"讳也。邵滨军、赵首成两位先生不吝赞美之词：本谜以底九字之众而紧扣面上区区一字，法取增损兼会意，层层推绎演进；理明意足，神不外散；通体空灵透澈，毫无造作之态，真绝妙好辞也！

顾震福为潮州谢会心《辍耕谈虎录》撰序说："制者善于藏钩，射者务为发伏，至为人射中，适如谚所谓'戳破纸老虎'。"

分明打个照面，又听得角门儿呀的一声（《诗经》一句）
既见复关

谜面两句都出自王实甫《西厢记》第一本，但非同一折。第一折："慢俄延投至到梳门前面，只有那一步远，分明打个照面，风魔了张解元。"第三折："又听得角门儿呀的一声，风过处衣香细生。"有的版本为"刚刚的打个照面"和"猛听得角门儿呀的一声"。言张珙打个照面正眼角儿留情处，继而临去秋波那一转，风过衣香生。谜底出于《国风·卫风·氓》："既见复关，载笑载言。"解释为：情郎即从复关来，又说又笑喜洋洋。诗中"复关"是一个名词，谜底别解为一个副词和一个动词。面句拢义"刚见面，门又关"，对应谜底别解之后的意思。顾氏分别摘取《西厢记》中脍炙古今之句，糅合为面，足见其对词曲烂熟于心；再施词性别解之技，运正面会意之法，成此妙品。堪称俗不伤雅，庄谐有度。与高润峰《恨不读书斋谜稿》中的运典佳作相映成趣——分明打个照面儿（志目二）崔猛、顾生。

谜格的运用，清代淮安受扬州影响，喜欢用新赋、昭阳格，但考虑到"方音易变，异地难通"，淮安隐语社的徐嘉、段朝端"起而革之"。后一代的顾震福，为了灯谜的传播、普及，一脉相承前辈好的谜风，在谜著中"惟新赋、昭阳诸白字格，囿于乡音土语，未能通行，一概不录"。这也是为了能够达到雅俗共赏。

2. 工巧自然，谐怡心神

在扣合方面，顾震福崇尚巧妙，"其表里巧合，直如玉匣子底盖"。与工巧、自然相悖的，也为他旗帜鲜明排斥的，是截搭钩连、矫揉割裂、殊欠自然、牵强浮泛。

他的喜恶体现在他的作品中。1989 年出版的《中华谜语大辞典》评价他："谜作极其工巧。"杜涵斋云："曲园渊雅蔼园巧，橐园谜话尤精纯。"但顾氏与其不相上下，"跬园踵起足伯仲"，也是典雅、工巧的路数。

蒙不洁（唐五古）出山泉水浊

此作载在《隐秀社谜选初编》内，面句是截取《孟子·离娄下》："西子蒙不洁，则人皆掩鼻而过之。"谜面别解，将蒙受之"蒙"，别解作《周易》卦名。蒙卦的卦爻是坎下艮上，坎为水，艮为山，蒙卦卦象为："山下出泉。"以一"蒙"字，扣底句的"出山泉水"，出奇制胜，乃以简驭繁，有典可据，确切不移；不洁是"浊"，亦显明无误，大巧若拙。已故金陵谜家周问萍先生点赞曰："作者面对这一底材，能将句中的'出山泉水'四字以一'蒙'字笼之，实非深于古籍者不办。反之，猜射者见此谜面，从一个'蒙'字上通过别解而后考虑到'出山泉水'则尤为困难。是知别解在面之谜，最为惑人。然较之以'出山泉水浊'为面猜'吐谷浑'之类的平直之作，则此作又实高出多多矣。"

孙行者大闹五庄观（千家诗）清风明月无人管

面句为《西游记》第二十五回目。唐僧师徒来到五庄观，悟空在八戒怂恿下去偷人参果，被仙童清风、明月发现辱骂，悟空一怒之下推倒人参果树。谜底见宋代黄庭坚《鄂州南楼书事》。谜底"清风"和"明月"别解为两仙童名，清风、明月之辈无人能管治得住悟空的发怒。《百年谜品》点赞此作为鬼斧神工、天地巧合之谜。"敢问当初吴承恩为镇元子二幼徒起名，何便起作'清风、明月'，致为顾虎头日后制此谜留下伏笔与眼线耶？此真令人百思而不得其解者，亦造物主之调侃芸芸众生者也。"

在谜面的选择上，顾震福的态度是"开放"的，绝不"唯成句论"。他在谜集凡例中声明："是编谜面以故事及成句为多，然亦间有杜撰，冀与谜底牵合者，但总以俗不伤雅为主。"这一谜学观点，尤其值得今天的谜人借镜。

江以南为丹徒县（《战国策》一句）北有甘泉

面句无疑系自撰，是对地理位置的描述。这种谜面不含典故，看似大白话，没有什么机关，但仅依字义句情，不容易猜出谜底。如果你有一定的地理知识，特别是熟悉江苏长江两岸清代的行政区划；再运用民间歇后语中常用到的对比、联想手法，或灯谜的反扣、侧扣技法，便能探囊取物。清末江苏长江之南有丹徒县，那江北呢？丹徒相对江北的则有扬州甘泉县啊——北有甘泉。《战国策·秦策》范雎说秦王云："大王之国，四塞以为固，北有甘泉谷口。"初看好像无别解，实则此"甘泉"非彼"甘泉"也。谜底对应面义的"甘泉"，是特指扬州的甘泉县。1912 年，废扬州府，甘泉县并入江都县。此谜传神语外，巧制也。

3. 别具匠心，标新领异

顾震福在《凡民谜存》的序中，提出了他的"谜之艺术"见解："然非别具匠心，独辟蹊径，必不能标新领异，传诵古今。谜之艺术，何独不然?"他绍承了淮安隐语社"务去陈言"的传统，力避老套路甚至"多剿袭"之作，如马振彪所言："跬园力芟夷，陈言侵不入。戛戛诚独造，匠心那可及。"

丛桂梢头正发芽（字一）樨

面句系自撰七言，描写春桂萌芽、梢头泛绿的景象，令人联想到仲秋时节丛桂怒放，阵香扑鼻。桂树一名木犀，故谜面一"桂"字，暗含"木犀"——别具匠心；"梢头正发芽"形象地描画成"'"——独辟蹊径；"丛"，泛指聚集在一起的人或东西如草木等，一字千钧地将"木犀"和"'"聚集在一起，谜底"樨"水落石出。如此气韵不凡、出奇制胜，当然能够"标新领异，传诵古今"。字谜作品代有佳制，技法亦日新月异。但这条字谜，即使放到今天，仍然闪耀着新颖别致的光芒。

家家扶得醉人归（春秋人名一）还无社

此谜是承上会意体的佳作。题面出自唐代王驾的《社日》："桑柘影斜春社散，～。"桑柘影斜，春社的祭祀盛会已散，参加祭礼的人喝得大醉，只好由家人搀扶着回家。作者巧运承上启下之承上技法，巧妙切成底句。《佳谜鉴赏辞典》评论云，首先高瞻题文，拢意相扣，一字以蔽之为"还"；接着一气流转，上下贯通，远瞩"桑柘影斜春社散"——面文之上一诗句，谜底"还无社"终于切成。这里"还"字乃谜之关键中心，炉锤工妙。其原为动词，系归去之义，今是名词，乃姓氏之谓，以动为静，以虚代实，词性活用，文义别解，备见妙趣环生，意味无穷。通观全谜，面底扣合出人意表，空灵超脱。

吴克岐在《犬窝谜话》中说："竹侯以功力胜，而久客于燕，故有'南张北顾'之称……《跬园谜稿》中尚有四种，为他谜稿所未见者，叠韵、谐声、射雕、射覆是也。"他还举了一些谜例："豚栅静无声"射叠韵"鸡栖齐啼"；"法庭旁观"射叠韵"看判断案"；"只怕烽烟在眼前"射谐声"惊警近急"。

乌龙院（集韵）宋江养艳屋

面句取材于古典小说《水浒传》，讲述的是郓城押司宋江仗义，为阎婆埋葬了亡夫。阎婆为报恩，把女儿阎惜姣许给宋江做外室，宋江为她母女造下了乌龙院。韵书归并同韵的字为一部，每一部以其中一个字或两个字为代表，这代表的字叫做韵目。《广韵》有206个韵目，"平水韵"有107个韵目。谜目"集韵"，就是猜一个以上的韵目代表字。后也有谜人称此谜目叫"射韵目去数"。能把百十个各不相涉的单字，集成词通句顺、精准概括谜面"乌龙院"故事情节的"宋江养艳屋"，非字学及训诂斫轮老手，实难臻此也。1935年，陈冕亚在南京《扶轮日报》廋词征射，亦以"乌龙院"设面"射韵目去数"，且"声明集韵目非成语可比，以射中三字为及格"。原底"宋江养艳"，吴克岐射"宋江真艳"。竹侯谜底与此两底，明眼人一看，高低可立判矣。

集锦谜的高妙，关键就在于谜底文句一气贯通，对应面义又留有余味。再请读者欣赏：

杜工部传（谐声）诗史事实（杜甫时称诗史）
雷雨（叠韵）霹雳击淅沥滴

4. 取材广泛，手法多样

顾震福的谜作，除集中在《跬园谜稿》六卷外，还散见于《北平射虎社谜集》《隐秀社谜选初编》和若干丁卯社油印谜册及一些报刊中。《中华谜书集成》中的《跬园谜刊三种·前言》评介："《跬园谜稿》，谜目有 107 种之多。如此广泛的素材入谜，既体现其非凡的制谜功力，也可见其学力深厚，知识广博。"这一百多种题材，既包含《论语》《尚书》《礼记》《诗经》《左传》《烈女传》等四书五经传统经典，还有唐诗宋词元曲"聊斋"、四大古典名著、《世说新语》，更有《西厢记》《白兔记》《桃花扇》、谚语、京剧、民谣……

丁卯社社友林汝魁评价顾氏技法："五花八门而不拘拘于一格。传之后世，以为谜隐之程式，庶于斯道犹能管窥而蠡测。"同时代的吴克岐也说："竹侯学识兼优，老而弥笃又久居通衢大邑，日夕与诸同志游，故所作无体不备，无懈可击。"

只是二大爷无工夫（词牌）渔家傲

面句是京剧《打渔杀家》第四场中的一句台词。说的是萧恩（阮小七）招安后隐迹江湖，与女儿桂英相依为命以打渔为生，却不料被催缴渔税，奋起与土豪斗智斗勇的故事——大教师（丁员外爪牙）：萧恩哪，有了渔税银子便罢，如其不然，今儿个教师爷我要锁你。萧恩：只是二大爷无工夫！

如了解剧情，谜底便能昭然若揭。难得的是，十几个字的一则灯谜，似用白描手法，把剧中主人公的傲骨豪情、勇于抗争的人物形象揭示出来，大大增强了源于民间文学的灯谜的文学性。

赵钱孙李周吴郑（《左传》一句）七姓从王

面出一嘲村塾诗："一群乌鸦噪晚风，诸生齐放好喉咙。～，天地玄黄宇宙洪。"《左传·襄公十年》："瑕禽曰：'昔平王东迁，吾七姓从王，牲用备具。"面义仅指《百家姓》前七姓，妙用启下法，此七姓之后从王姓，直击别解后的底义——"王"由周平王，别指为姓氏王。真可谓"融会南北，变通众法，以学力出之，而致雅俗共赏之心血结晶也"。

谜学贡献

1. 替社友保存了心血之作

顾震福除了个人的《跬园谜稿》外，又多方搜罗了故去的谜友薛宜兴 700 余则作品别为一集《凡民谜存》，还有 7 位商旧社社友的 1100 多条谜作，一同刊行。"其眷念故人，保存国粹之深心，始终一贯"。

俞锡爵记述，扬州竹西后社的祁甘茶、孙笃山诸先生，先后离世。孔剑秋拟选刊他们的遗著，名曰《埋骴集》。看到竹侯搜罗淮社社友谜稿加以注释付刊，俞不禁感慨："与孔君之意，不谋而合，固以存枌乡文献，且以备艺苑楷模，甚盛心也。"

时局动乱加上个人困境，故去的这些谜人，无力保存和流传自己的作品，如不是顾震福的义举，我们后代谜人就不会看到这些谜学遗产。顾氏在《商旧社友谜存》序言中道出了心声："谜本小慧，何足增重，然尺波电谢，人琴俱亡，倘并此而失传，不更可哀哉。爰付手民，藉存陈迹。每一披览，犹如见推敲商榷、灯窗欢笑时也。而宿草已离离矣。"

2. 为后学留下了灯谜史料

《跬园谜刊三种》中的个人谜集作者有 9 位，序、跋、传、题词作者竟达 39 人之多。9 位作者中除顾震福外，均有小传；全书大部分谜作都有注释。这使此书成为编辑工作最周全的谜书之一。这两部分材料，连同数量可观、手法多样的谜作及一些言之有物的序言、题词，对谜界都有研究价值。(《中华谜书集成（三）·跬园谜刊三种·前言》)

这些小传，"并为述学行以传其人"，不但为灯谜家树碑立传，在一定程度上勾勒出谜人这个小众而独特的群体面貌，而且也成为极易被忽略的乡邦文献与地方文化人史料。每篇小传的最后，顾震福还大胆地沿用《史记》"太史公曰"的史评形式，借"商旧氏曰"，表达对传主的客观评价和对谜友的浓浓情谊。

《顾竹侯灯窗漫录稿本》完整记载了"北平射虎社"等四个重要谜社的简史，以及清代淮安谜著《隐语鲭腴》《蝘阶廋辞》的来龙去脉。这些都是顾震福的"三亲史料"，弥足珍贵。因而，也成为后世谜史研究者引用最多的"源头"资料。

值得期待的是，"灯窗漫录稿本"现仅见到六则，或许有记录更多顾震福"亲历、亲见、亲闻"的完整"稿本"，在等待学界与谜人去发现。

3. 促进了南北谜学的交流

顾震福人生经历丰富，著作等身，特别是对灯谜痴迷一生，参与了当时几乎所有的最有影响、规模最大的谜社活动，参与谜社、交往谜人数量之多，无人能望其项背。张郁庭在《跬园谜刊三种》序中说："先生更踵起扩张，由淮而沪而燕，前唱后于，如响斯应，宣传之效，不为不宏。”

　　1937 年丁卯谜社成立十周年时，社中领袖黎六禾如此评价已故社友顾震福：“君谜为江淮间钜手，清颖拔俗，如诗家之有山谷。”其实，顾氏本身具有的江淮清颖拔俗的谜风，经过“由淮而沪而燕”，已变得融会南北、变通众法，“无法不备，无美不臻”了。个体的变化，也会多多少少影响群体的改变。江淮之间的交谊（顾氏与扬州孔剑秋、与寿州薛宜兴），苏沪之间的交融（顾氏参与上海萍社），苏京之间的交织（顾氏及其商旧社友参加北京各谜社），南北之间的交往（顾氏与福建张氏昆仲、与广东黎六禾林策云），以及顾震福与北派谜谜人的密切互动……不同地域谜人的频繁交往、交流，无疑会促进各地谜学的相互影响、相互融合。

附录3：

顾震福与丁卯谜社

顾震福一生参加谜社数量之多，无人能敌。吴克岐在《犬窝谜话·卷一》中这样评价他："在淮创商旧社，旅沪入萍社，寓北平最久，射虎、隐秀、丁卯等社，罔不参加，与味鲈有'南张北顾'之称。"

丁卯谜社的发起人之一番禺林汝魁（策六），在为《跬园谜刊三种》题词中云："丁卯社五年于兹矣。自顾竹侯先生加入，益增宠耀。"本文将从三个方面，来介绍顾震福与丁卯谜社的渊源，试图以此来解答为什么"益增宠耀"。

一、灯窗漫录——第一手有关丁卯社的史料

顾震福曾有"灯窗漫录"稿本，记录了他参与和了解的谜社、谜著等第一手资料。内容有北平射虎社、隐秀社、学余社游艺会、丁卯社、《隐语鲭腴》《蝇阶廋辞》。顾震福曾将此稿本赠送给钱南扬一份，南京谜家钱燕林在钱南扬处见到此稿本，把它刊发在南京市工人文化宫业余灯谜组的《灯谜（八）》（1980年编，1982年出版）、《钟山谜苑（九）》（1983年出版），并加编者按："近在

谜家前辈钱南扬先生处获得《顾竹侯灯窗漫录稿本》一册，系顾先生手书移赠，内载'北平射虎社'等六个谜社的简史。未见有刻本，今承钱先生允予付梓分两期印完。"

这就是谜界和网络上流传的"顾竹侯灯窗漫录"的源头。因为是顾氏的亲身经历，翔实而完整，这个稿本的史料价值不容置疑，是发掘、研究丁卯谜社绕不过去的档案。

《顾竹侯灯窗漫录稿本·丁卯社》明确记载：

丁卯社创于民国十六年，旧历岁在丁卯，因名曰"丁卯社"。发起人为故都寓公子两粤人士，即顺德黎六禾、番禺林策六、杜鹿笙、桂林陈勉安、周公阜诸先生。而北平李成伯、苏仲昆季、无锡施杏初三君，亦力为襄赞……

二、缙绅先生——顾氏与社友的交往

1941 年 8 月，丁卯社中坚张郁庭在北京《北华月刊》第 4 期发表的《古今谜话（三续）》云："余旧有北平射虎社十二谜家小评，以补'像赞'之不足。心中景仰，岂能无辞……顾竹侯如缙绅先生，循规蹈矩，堪为人伦冠冕。"

在《跬园谜刊三种》中，我们可以看到众多丁卯谜社社友为这部巨著所作的序言和诗词。3 篇师友序言，就有 2 篇为社友所撰，分别是前两篇的张瑜（郁庭）、周维华（公阜）序言。"知之最稔"的三社社友张郁庭在序中谈了与竹侯的友情："予凤与同嗜，丙辰春季，识君于'北平射虎社'中，嗣是'隐秀''丁卯'先后同社，互相商榷者阅十余年，故知之最稔。"1932 年 9 月 16 日，"愚侄桂林周维华"序云："先生以文坛老辈，作谜苑名家，学富曹仓，癖专杜库。"

《跬园谜刊三种》的"题词"大咖阵容强大，计达 33 位。而其中丁卯社友就有 9 位惠题诗词，他们是金元善、吴璆、高承溥、林汝魁、张超南、施纶、黎国廉、杜宴、林心台。这些诗词，不但抒发浓浓的社友情谊，还透露出社中活动的细节。无锡施纶（杏初）回忆了他参与的谜社活动："卯社刚题壁，庚邮忽着鞭。素书劳驿递，青简幸蝉连。"并自注云："丁卯岁予入北平谜社，及先生参加，予已南旋。然同人社稿及拙作，犹邮寄未断。"番禺林汝魁"古风"而歌，"吾友顾虎头，夙号文章伯。余技事廋词，毕生瘁心力。由少而老，自南而北，探骊珠，射虎石"。认为《跬园谜刊三种》"传之后世，以为谜隐之程式，庶于斯道犹能管窥蠡测"。

不少社友都唏嘘岁月流逝，故友凋零。北平高承溥感叹："古欢犹眷恋，故友半凋零。才拙徒同好，时艰不忍听。惟将谐隐意，相与遣衰龄。"山阴金元善有七律："十年经过有余香，唾玉喷珠漫较量。同是昔时疏凿手，愧君叙旧比金张。"因薛宜兴、徐钟恂、戚逢年、亢榕门诸人，以前都是北平射虎社社友，但已谢世。现在仍与竹侯先生同社且常见者，仅金元善及张郁庭二人矣！

1933 年，社友吴璆（玉林）79 岁，高承溥（雨人）76 岁，林策六（汝魁）65 岁，顾竹侯 62 岁，黎国廉（六禾）也已 61 岁。故张超南在题词时感慨系之，"社友半高年，有似耆英会。君乃老益壮，贯札犹锋利。我亦鬓毛斑，逢场聊作戏。灯下互探索，推敲饶兴致。读君跬园稿，分门而别类。妙语足解颐，往往出新意。世运日迁流，风雅渐废坠。好辞传后人，绝响或可继"。最年长的湘潭的吴璆老先生，"兴到浑忘已耄年，每逢雅集尚欣然"。不过，"春社重来人渐少，华灯初上彩犹悬。与君幸共香山会，快睹云霞十样笺"。

在顾竹侯的《跬园诗钞》中，还有几首记录丁卯社活动情况和社友情谊的诗作。

1931年，在绒线胡同顾宅中，竹侯宴请黎国廉、林汝魁、张超南、杜宴、张郁庭、金子乾、周公阜、刘心朴等社友，并有《谜社社友六禾策六蟹鲈鹿笙郁庭子潜公阜心朴诸先生来寓所集饮即席有赠》："挂壁弹灯事久虚，古欢重话聚蓬庐。到门只称题凡鸟，入座何妨说大鱼。小合分酥惭菲薄，热铛煎饼笑生疏。知君借箸成新咏，定胜前贤旧隐书。"

1932年夏，社友黎国廉（六禾）回顺德探亲，秋凉返京，年年如此，被张郁庭誉为"谜国雁臣"。竹侯赋《送社友黎六禾返粤》送行："翩翩越鸟返深林，幕燕巢鹩感不禁。三载未蜚曾诵谏，万方多难独悲吟（六禾善隐语工诗词）。山河风景新亭泪，岭海烟波故国心。还望高歌同击筑，移情且漫抱孤琴。"

1935年夏，因回淮，竹侯久未参与丁卯社谜事，周维华（公阜）来函相催，呈诗奉答："诗僧老去懒推敲，如水宁忘耐久交。拼向门前题午字，牛头不出共诙嘲。"（《谜社久未与会公阜函催赋此戏答兼柬同社诸子》）

三、诗家山谷——竹侯的谜社活动与作品

1937年，丁卯谜社成立十周年，黎六禾撰有《江南好》43阕，"纪社中同人"43位。其中"淮安顾竹侯"为："人文炳，酝酿百年中。无已少游存殁感，于中绰臂有涪翁，卓是出群雄。"并注云："君谜为江淮间钜手，清颖拔俗，如诗家之有山谷。"

《顾竹侯灯窗漫录稿本·丁卯社》记有例会规则：

每周必会，六禾、策六、鹿笙、公阜、郁庭、子乾轮流值社，

社坛即在值社者之寓所，为具晚餐……予及越青，亦或择期自值，预先在上周社中声明。

根据现有资料，这里把顾竹侯在 1931—1936 年参与的丁卯社活动情况，作一大概梳理，以飨同好——

1931 年 4 月 22 日，参加张郁庭"值社"的丁卯谜社聚会，参与社友有黎国廉、张超南等人。谜作后油印成社刊辛未第 18 期。

1931 年 5 月 6 日，参加林策六"值社"的丁卯谜社会；5 月 20 日，在绒线胡同与张超南、陈勉安共"值社"，社友有：黎国廉、高承溥等。这两次聚会后，谜作油印成社刊辛未第 20—21 期合刊。

1931 年 8 月 10 日、16 日，丁卯谜社在启新茶社聚会，竹侯参与"值社"。社友有：高承溥、金子乾、张超南、刘心朴等。此两次聚会后，谜作油印成社刊辛未第 26—27 期合刊。

1932 年 4 月 10 日，在绒线胡同顾宅，"值社"丁卯谜社，参加社友有：许菊圃、刘心朴、周公阜等。雅集谜作后油印成社刊壬申第 12 期，5—12 页为竹侯谜作。

1932 年 4 月 24 日，在"值社"者周公阜北柳巷宅中，参加丁卯雅集，社友有：黎国廉、张超南、高承溥、金子乾等。谜作后油印成社刊壬申第 13 期，13—16 页为竹侯谜作。

1932 年夏，丁卯社社友已达三四十人之多。6 月 7 日，参加金子潜（元善）"值社"的丁卯谜社周会，参加社友有：黎国廉、张超南、高承溥、周维华、施杏初、许菊圃、刘心朴等。谜作后油印成社刊壬申第 16 期。

1932 年 7 月 8 日、9 月 17 日、9 月 24 日、10 月 2 日、10 月 16 日、10 月 23 日、11 月 7 日，参加丁卯谜社雅集，每集谜作都油印成社刊。

1933 年 10 月 9 日，在绒线胡同宅中"值社"丁卯谜社，参加社友有：黎国廉、张超南、高承溥、周维华、金子乾、施杏初、许菊圃、刘心朴等。雅集谜作后油印成社刊癸酉第 32 期，12—21 页为竹侯谜作。

1935 年 1 月 21 日、28 日，在"值社"者林策六打磨厂宅中参加丁卯雅集，社友有：黎国廉、高承溥、金子乾、孙经存等 15 人。谜作后油印成社刊乙亥第 2—3 期合刊，系丁卯油印社刊总第 306—307 期，收竹侯谜作 12 则。

1935 年 2 月 6 日、20 日，参与丁卯谜社雅集，社刊乙亥第 4 期收竹侯谜作 24 则，第 6 期收竹侯谜作 20 则。

1936 年 4 月 5 日（农历三月十四），清明节。参加丁卯谜社雅集。"值社"者黎国廉，参与者：六禾、蟹庐、雨人、竹侯、子潜、用宜、挽澜、杏初、经存、正书、心朴、公阜，油印社刊丙子第 8 期（总 343 期）收竹侯谜作 24 则，这 24 则谜作很有可能是竹侯先生最后的作品。

1936 年 4 月 7 日，竹侯还参加了极有可能是丁卯谜社的活动。

6 天后，竹侯就离开人世，离开了他一生钟爱的灯谜！

附录4：

顾震福灯谜选注

水晶帘卷近秋河（谚语）门外汉

谜面出自唐代顾况《宫词二首》："月影殿开闻晓漏，水晶帘卷近秋河。"随着月影移动，只听得滴漏计时的嘀嗒声；卷起水晶帘来，就看到那隔绝牛郎与织女的银河，似乎离我那么近。谜底"汉"别解作"天河"。《跬园谜稿》竹侯自注：顾况诗。言门外即河汉。

吴仁泰、柯国臻主编的《佳谜鉴赏辞典》点评此谜："其佳有三。题文天生丽质，浑成有致，特饶造化之神力，此其一也。底句谲诡多变，空灵深婉，备见技法之奇峭，此其二也。底面关合贴切，玉匣有盖，倍觉运笔之工巧，此其三也。此谜深谙谜人之旨，堪称上乘之作。"

2000年，《文虎摘锦》《春灯》《全国灯谜信息》等媒体联合开展中华灯谜100年评选活动，该谜被评选为"20世纪百佳谜作"。

一索而得男（用物）头绳子

谜面见《周易·说卦》："震，一索而得男，故谓之长男。"旧时指头胎生子。头绳指女子扎辫子或发髻的绳带。按中国风俗习惯头绳忌白色，因为服孝的女子扎白色头绳。国人熟知的是《白毛女》中杨白劳的唱词："人家的姑娘有花戴，老汉我没钱不能买，扯上二尺红头绳，给我喜儿扎起来。"淮语谓"头绳子"。此谜分扣，竹侯自注云：借用《易经》，实取一索是头绳，男是子。

虎非百兽之长（食物）狮子头

谜面系自撰。关于谁是百兽之长，古今有不同说法。汉代应劭《风俗通义》有"虎者，阳物，百兽之长也"。民间也有俗语："山中无老虎，猴子称大王。"但明代李时珍《本草纲目·兽二·狮》云："狮为百兽长，故谓之狮。"显然竹侯认可后说，认为"虎非百兽之长"，狮子应是百兽的"头"。狮子头是淮扬菜的一道传统名菜，由六成肥肉和四成瘦肉加上葱、姜、鸡蛋等配料剁成肉泥，做成拳头大小的肉丸，可清蒸可红烧，肥而不腻。徐珂在《清稗类钞》明确记述："狮子头者，以形似而得名，猪肉圆也。"

为国为民（《诗经》，卷帘格）帝作邦作对

谜面出于明代胡文焕《群音类选·草庐记·玄德合卺》："为国为民声华重。"谜底见《诗经·大雅·皇矣》："帝作邦作对，自大伯王季。"诗意为：上帝兴周使配天，大伯王季是先行。"卷帘"后成"对作邦作帝"，以"作邦作帝"与谜面"为国为民"为对偶句。此作原载《铁路协会会报》1916年第5卷第2期《谜海》栏，

《跬园谜稿》中谜目标作"鸳鸯·卷帘",即一谜双格。鸳鸯格亦谓锦屏格,以底面字句恰成对偶,再在句首或句末加"对"字。近来谜人多不标此格而直接扣合。

江淹泊禅灵渚(淮地)文通寺

《南史·江淹传》:"(江淹)为宣城太守时罢归,始泊禅灵寺渚。"文通寺位于江苏省淮安市淮安区勺湖公园内,西临运河。旁边有全国重点文物保护单位文通塔,系明崇祯二年(1629)因文通寺而改名。清末淮安谜人徐宾华、顾竹侯等常在此吟诗猜谜,高延第有诗作《徐宾华招集文通寺晚至老子祠观荷》。江淹(444—505),字文通,南朝著名政治家、文学家。江淹:文通;泊禅灵渚:寺。《跬园谜稿》竹侯自注:江文通泊禅灵寺渚。

有酒如淮,有肉如坻,寡君中此,为诸侯师("聊斋"目一)嘉平公子

谜面见《左传·昭公·昭公十二年》:"晋侯以齐侯宴,中行穆子相。投壶,晋侯先。穆子曰:'有酒如淮,有肉如坻。寡君中此,为诸侯师。'中之。"晋昭公和齐景公举行宴会,中行穆子相礼。以箭投入壶中为乐,晋昭公先投,穆子说:"有酒像淮流,有肉像高丘。寡君投中壶,统帅诸侯。"结果投中了。《嘉平公子》出自《聊斋志异》卷十一。晋昭公(?—前526):姬姓,名夷。晋平公之子。谜面意思是"嘉"许"平公子"(晋昭公),以扣合谜底。

游对马岛(五千)登临近日边

对马岛在日本、韩国之间的朝鲜海峡内,现属日本长崎县。谜

目"五千"即《五言千家诗》一句。《千家诗》是由宋代谢枋得《重订千家诗》（皆七言律诗）和明代王相所选《五言千家诗》合并而成。谜底见唐代岑参的诗作《登总持阁》首句："高阁逼诸天，登临近日边。"描写总持阁高峻直逼云天，登上楼阁好像靠近日边。此谜系会意体作品，"游"扣"登临"；"对马岛"对应"近日边"。这条谜与下一条"姚崇（礼）有虞氏之尊也"，为 1936 年 4 月 5 日（农历三月十四，清明节），竹侯参加由黎国廉"值社"的丁卯谜社雅集的谜作，谜作收入社刊丙子第 8 期（总 343 期）。

姚崇（"礼"）有虞氏之尊也

姚崇（651—721），本名元崇，字元之，唐代著名政治家。谜目"礼"，指《礼记》一句。谜底见《礼记·明堂位》："泰，有虞氏之尊也。"泰是有虞氏用的酒壶。姚姓出自五帝之一的虞舜，《说文》："虞舜居姚虚，因以为姓。从女，兆声。或以为姚，饶也。《史篇》以为姚，易也。"扣合与姚崇这个人物没有任何关系，而是单纯借用人名的两个字义，面、底分扣对应：姚：有虞氏；崇：之尊也。崇、尊，皆有尊重、敬重之义。

后 记

　　"淮安灯谜"是江苏省非物质文化遗产代表性项目，本书得到了江苏省文化和旅游厅非遗处、淮安市文化广电和旅游局非遗处、淮安市总工会及淮安市工人文化宫的大力支持和悉心指导，读者现在看到的，即是 2023 年度省级非遗专项资金重点扶持项目的成果之一。

　　淮安灯谜历史悠久，传承有序。南北朝时期的淮安涟水人鲍照，创制"三字谜"，是第一个使用"谜"字的人。明清漕运鼎盛时期，淮安灯谜名家辈出，还成立了淮安隐语社、清江浦谜社、商旧谜社等灯谜社团，淮安明代小说家吴承恩的《西游记》第一回中即有关于谜的描写。"清江浦人文荟萃。灯虎（灯谜）之戏，每于春令举行，如上元、花朝、春社、送春等日，张灯寺观，光怪陆离，各体俱备。"（1931 年上海《文虎》半月刊）除了顾震福，还有几位淮安谜家名留谜史，值得一书。清代的范冕高寿而谜作多产，存世有《范氏隐书》；清末，寓居宝应的王锡元谜作数万则，有《隅园隐语》一书留世；民国时期，谜家和红学家吴克岐著有《犬窝谜话》。

　　淮安灯谜在当代有了长足的发展。20 世纪 50 年代初，任光寰、仇兆麟等人成立清江市工人文化宫灯谜组。1983 年，淮阴市工人文化宫恢复灯谜组，后于 1989 年改组成职工灯谜协会。1985 年创刊于淮安的《文虎摘锦》，至今已出版 160 期，在海内外谜坛有着广泛的影响，是如今还在定期出版的历史最久的谜刊，曾荣获"中华灯谜功勋谜刊"称号。2009 年举办的"中华谜刊发展高层论坛暨《文虎摘锦》发刊百期庆典"，被列入中华谜坛大事记。淮安谜家卢志文，为翔宇中华灯谜馆创建人、云南卫视《中国灯谜大会》点评嘉宾、中华灯谜学术委员会副主任、《文虎摘锦》谜刊社社长，主编国内第一部教程类谜书——《中华灯谜教程》。2014 年，"淮安灯谜"进入市非物质文化遗产名录，朱墨兮成为淮安灯谜传承人；2015 年，"淮安灯谜"进入江苏省非物质文化遗产名录。

　　本谱编著者历时十年，多方搜罗资料，光是国家图书馆古籍部就去了数次，遵循"悉有所据"的原则，反复修订，征引书、报、刊 300 余种，按时间先后，逐条记录谱主的家庭背景、生平活动、亲友关系、谜事活动、文谜著述、诗词唱和、书信言论，以及时代变迁、文化场域深刻影响谱主谜学创作研究的关键环节、历史细节、重大事件等。

　　本书是谜界第一本个人年谱，也是中国第一本谜学专题人物年谱。灯谜作为民间文学的分支，是中国独特的优秀传统文化。但是，灯谜的学术研究基础非常薄弱，谜史、谜人的挖掘研究亦欠深入，本谱期望在此领域能有所突破和创新。

　　感谢王泽强教授为本书撰序，感谢刘二安、章镳、徐爱明、顾斌、王峰、王宝根、刘明芳等人无私提供资料、帮助完善书稿！

　　因编者能力及视野所限，书中定会存在一些问题和讹舛，还望诸位读者不吝指正。